# ザクセン人の事績

# ザクセン人の事績

コルヴァイのヴィドゥキント 著

三佐川 亮宏訳

知泉書館

# 凡　例

一　底本には、Widukind von Korvei, *Res gestarum Saxonicarum*, hg. v. Paul Hirsch - Hans-Eberhard Lohmann, (Monumenta Germaniae Historica, Scriptores rerum Germanicarum, [60]), Hannover 1935, ND. 1989を使用した。

二　訳文中の（　）は校訂者による補筆、〔　〕は訳者による補筆である。

三　人名・地名表記は原則的に各国語の慣用表記に従った。

四　各章の見出しタイトルは、刊本では各巻の冒頭に一括されているが、本訳書では読者の便宜を図るために、詳細目次と各章の双方に付した。

五　必要な限りで、当該事件の起きた西暦年次を本文中に適宜補筆した。

六　注記は、基本的に編者ヒルシュの極めて詳細な注釈を基にしている。異解あるいは新説については文献名を挙げた。

# 目次

# 詳細目次

## 第三巻

# ザクセン人の事績

# 第一巻

# 皇女マティルデ殿下への第一巻の序文が始まる

処女の輝き、皇帝の大権、唯一無二の賢明さによって栄えあるマティルデ殿下(1)に向け、キリストの殉教者ステファヌスとウィートゥスの僕《しもべ》たちの中で最も卑しきコルヴァイのヴィドゥキントは、完全なる服従の下、救世主の名において忠誠なる恭順の意と衷心からのご挨拶を送ります。あなた様を、父君の権力の無双の名声が高め、明晰な賢明さが飾っております。それにも拘わらず、卑しき者たる我々は、本来それには値しないにせよ、我々の恭順の意が受け入れられることを望んでおります――あなた様の恩愛によって、王笏に常に相応しき御慈悲に基づき。なぜならば、もしあなた様が、あなた様の力強き父君と栄光に満ちた祖父君の事績を、後世への記憶のために我々の著作を通じてお読みになるならば、あなた様は、既に美徳と栄光に恵まれておられますが、もっとさらなる美徳と栄光を得ることが出来るはずです。もっとも、我々は告白しなければならないのですが、お二方のすべての事績をお伝えすることはできません。むしろ、簡潔にして(2)選り抜きながら書くことで、読み手が疲れることなく物語を理解出来るように致します。私はまた、強大な支配者たる(3)ハインリヒが最初の国王として統治した(4)かの民族の起源と状況についても、幾らか伝えるべく努めました。それは、読みながらあなた様が楽しみ(5)、煩わしきことを払いのけ、心地よい気晴らしとするためです。それ故、高貴なるあなた様が、恭順の意をもって記されたこのささやかな書物を読み、相応しき好意をもって我々についてお気に留めて下さいますことを望む次第です。ご機嫌宜しゅう。

序文が終わる

（1）マティルデは、九五五年に誕生したオットー一世の娘で、九六六年に一一歳にしてクヴェトリーンブルク女子律院の院長となった。

（2）参照、サッルスティウス『カティリーナ』第四節（邦訳三八頁）。

（3）原語は *rerum dominus*。ヴィドゥキントは、通常の国王を超越してはいるものの、皇帝位を獲得してはいない覇権的《ヘゲモニアール》支配者の尊称として用いる。Beumann, *Widukind von Korvei*, S.232f. ハインリヒに対しては、この後も四度用いられているのに対し（第一巻三九、四一章、第二巻一、三一章）、皇帝位を得たオットー一世については一度しか使われていない（第二巻三六章）。

（4）参照、『第一マカベア記』一・一。

（5）参照、『第二マカベア記』二・二五。

ザクセン人の事績の第一巻が始まる

## 一章　著者は本書以外にも既に他の書物を執筆していること

私は、以前の著作において最高の命令者(6)の戦士たちの勝利について叙述したが、(7)その私が、今度は我々の君公たちの事績を書き留めようとしていることについて、誰しもが驚くことの無きよう望む。私は、上述の著作において、修道士として果たさねばならぬことに全力を傾注した。そこで今度は、私の身分と私の民族(8)に対して、力の及ぶ限り敬意を捧げるという努力から逃れることは出来ないのである。

（6）原語は *imperator*。「皇帝」、「命令者」の他、この箇所のように「神」を指すこともある。これに対応して *imperium* も、「帝国／王国」の他、「命令（権）」、「支配領域」等を意味する。
（7）巻末の「解説」二六四頁を参照。
（8）原語は *genus*。ザクセン人という「民族 *gens*」の中にあって、ヴィドゥキントが属する世俗的身分、すなわち「貴族」を指す。

## 二章　ザクセン人の起源についての幾多の人々の異なれる見解

それ故、私はまず最初に、この民族の起源と状況について幾らか説明しておきたい。その際、主として伝説に依拠することになるが、それというのも、太古の時代については、確たることは、ほとんど闇に包まれているからである。実際のところ、この問題に関する見解は異なっており、ある人は、ザクセン人がデーン人とノルマン人に出自すると信じるのに対し、別の人は、ギリシア人に由来すると主張しているのである。私自らは、まだ若かった時に誰かが賞賛するのを聞いたことがある。ザクセン人は、かつてアレクサンダー大王に従い、その早世後に全世界に散らばったマケドニアの軍隊の末裔である、そのようにギリシア人自身が主張している、と。それはともかく、彼らが古《いにしえ》から存在する高貴な民族であることに疑いの余地はない。その名は、ヨセフスが伝えるアグリッパの対ユダヤ人演説の中で言及されているし、(9) 詩人ルーカーヌスの言葉(10)も証しとなる。

（9）　フラウィウス・ヨセフス『ユダヤ戦記』は、ザクセン人ではなく〝ゲルマン人〟の名を挙げている（第二巻一六章三六四、三七六節（邦訳八二、八四頁））。ただし、「偽ヘゲシップス」の名の下に伝わるラテン語訳（四／五世紀成立）は、ヨセフスによる対ユダヤ人演説の中で、原文にはない〝ザクセン（*Saxonia*）〟に言及している（第五巻一五章）。

（10）ルーカーヌス『パルサリア』の一部写本には、確かに第一巻四二三行（邦訳四六頁）に「ザクセン族（*Saxones*）」の名が見えるが、これは「スエッソネス族（*Suessones*）」を誤記したものである。

## 三章　彼らが船でハーデルンと呼ばれる地に到来したこと

しかしながら、我々が知っている確実なことは、ザクセン人が船に乗ってこの地方に到来したこと[11]、そしてハーデルン[12]と今日まで呼ばれる地点で最初に上陸したことに尽きる。

（11）ルードルフ『聖アレクサンダー移葬記』一章は、ブリテン島のアングル人の一部が船で大洋を越えて到来し、ハーデルンに上陸したと伝えている。

（12）原義は「海辺の沼沢地」。叙述の事実性自体について既に議論があるが、肯定する研究者の間でも、地名の特定については争われている。エルベ川・ヴェーザー川、双方の北海河口には、古来からハーデルンと呼ばれる地方があるものの、ここで問題となっているのは上陸した「地点（*locus*）」である。

## 四章　テューリンゲン人が彼らの到着を快く思わず、彼らと戦ったこと

ところが、テューリンゲン人と覚しきかの地の住民は、この者たちの到着を不愉快に思った。彼ら〔＝ザクセン人〕の側は、彼ら〔＝テューリンゲン人〕に向けて武器を取った。ザクセン人は激しく立ち向かったものの、テューリンゲン人は港を守り抜いた(13)。戦いはその後も長らく続き、双方の側で幾多の者が斃《たお》れたので、両者は和平交渉をおこない、ある契約を取り結ぶことを決した。その条件は、ザクセン人は、物品を売り買いすることは許されるが、土地はこの限りでなく、かつ殺人と略奪は控える、というものであった。そして、この約束は、暫しの間損なわれることなく存続した。ところが、やがてザクセン人の財貨は底を尽き、売り買いすべき物はもはや何もなくなってしまった。その時彼らは、この和平は自らには不利であると考え始めた。

(13)　この一節の解釈については議論がある。ここでは、Walther Bulst, in: *Historische Vierteljahrschrift* 28, 1934, S.185-193, hier S.190-193 に従った。

## 五章　一人の若者がいかにして黄金で土地を獲得したか

ある時、一人の若者が大量の黄金を背負い、黄金の首飾りと黄金の留め金を身に着けて船から出て来るという事件が起きた。彼は、一人のテューリンゲン人の男と出会った。男は言った。「お前は何故、そのやせ衰えた首の周りにかくも大量の黄金をもっているのか？」(14)。「買い手を」、彼は応えた。「捜し求めているのです」。「それ以外の目的のためにこの黄金を身に着けている訳ではありません。飢えで苦しんでまさに死なんとしている者にとって、黄金が一体何の喜びになるでしょうか」。これに対して、かの男は、値は幾らであるかと尋ねた。「値の多寡は」、ザクセン人は言った。「私にとってはどうでも良いことなのです。あなたが提供するものを喜んで受け取るだけです」。「それならば」、かの男は嘲り笑いながら若者に言った。「もし私がこの塵でお前の服を満たしたならば？」。この場には、まさに掘り起こされた土塊《つちくれ》がうず高く積まれていたのである。ザクセン人は、直ちに服の前を開き土塊を受け取ると、その場でテューリンゲン人に黄金を引き渡した。二人は各々、喜び勇んで仲間たちの元へと急ぎ帰っていった。(15)テューリンゲン人たちは、かのテューリンゲン人の男を天上にまで持ち上げて、褒め称えた。

男がかくも見事ないかさまでザクセン人を騙したこと、二束三文の値でかくも大量の黄金を手にした男は、他の誰にもまして幸運であることを。自らの勝利を確信した彼らは、既にザクセン人に勝利を収めたかの如く、早くも凱歌を挙げたのである。

この間、かのザクセン人は、黄金を失った代わりに重い土を抱えて船に戻ってきた。さて、仲間たちが彼を迎えた時、人々は、事の次第を聞いて驚嘆した。一部の友人たちは彼を物笑いにしたし、別の者たちは非難の言葉を浴びせた。しかし、誰しもが皆一様に確信したのは、この者は気が狂っているということであった。ところが、彼は、静かにするよう促して語った。「私の言うことに従うのだ、良きザクセン人たちよ。君たちは、私の狂気が君たちのためになることを、いずれ思い知ることになるのだから」。人々は俄《にわか》には信じ難かったが、しかしこの言葉に従うこととした。彼は、土を手に掴むと、周囲の大地の上に出来うる限り薄く撒き散らした。そして、その土地を占拠して陣地としたのである。

(14) 参照、ユウェナーリス『諷刺詩』第一四歌一四六行(邦訳三〇四頁)。
(15) サッルスティウス『カティリーナ』第四八節(邦訳九八頁)。

## 六章　テューリンゲン人がザクセン人の約束違反を訴えたが、ザクセン人が勝利したこと

ところで、テューリンゲン人は、ザクセン人の陣地を見た時、事態は彼らにとって許し難いものに思われた。そこで、彼らは使者を送り、ザクセン人の側によって和平が破られ、契約が反故にされたことを非難した。ザクセン人は、これに対し応酬した。自分たちは、これまでの間約束を違えることなく遵守してきた。自らの黄金と引き替えに獲得した土地は、和平の間も引き続き保持するし、場合によっては武器をもって守り抜く覚悟である、と。これを聞くと住民たちは、ザクセン人の黄金を呪わしく思い、他方でそれまで幸運であると賞賛していたはずの男を、今度は彼らとその国にとっての禍の元凶であると言い放つ有様であった。

それから、憤激と無分別な闘争心(16)に駆られ、彼らは、秩序と計画を欠いたまま陣地を目指して突進した。これに対し、既に敵への備えを十分にしていたザクセン人は、彼らを打ち負かし、首尾良く事が運んだ後で、(17)戦《いくさ》の慣わしに従って周辺の近隣地方を占領した。その後双方の間で長い間交戦が続いたが、ついにテューリンゲン人は、ザクセン人が自らに勝っていることを

悟った。そこで、彼らは、使者を通じて要求した。時と場所を定めたうえで、双方とも武器をもたずに会見し、和平についてあらためて交渉すべきである、と。ザクセン人は、この要求を受け入れると返答した。

ところで、当時ザクセン人の間では、匕首《あいくち》が使われていた。アングル人は、古くからの民族の習俗に即して、今日でもまだこれを用いている。それを服の下に隠して武装すると、ザクセン人は陣地から出立し、テューリンゲン人と会見すべく指定された場所へと向かった。そこで彼らは、敵方が武器をもっておらず、テューリンゲン人の君公全員が参集しているのを看て取ると、全地方を占領する好機が到来したと考え、匕首を引き抜き、無防備で事態を予期せぬ人々に襲いかかった。全員がなぎ倒され、誰一人として生き延びた者はなかった。[18] この事件を機に、ザクセン人の名は広く知れ渡り、隣接する諸民族に大きな恐怖心を起こさせることとなったのである。

(16) 参照、ウェルギリウス『アエネーイス』第二歌三三五行（邦訳七〇頁）。
(17) 参照、『第二マカベア記』一三・一六、一七。
(18) 参照、『出エジプト記』一四・二八。

## 七章　ザクセン人の名前の由来

ところで、ある人々は、この出来事から彼らがその名前を得たと主張した――匕首（*cultellus*）は、我々の言葉では〝ザース（*sahs*）〟と呼ばれるからである。ザクセン人と命名されたのは、彼らがこの匕首で夥《おびただ》しい数の人々を打ち倒したからだというのである。[19]

（19）　ザクセン人を匕首と関連付ける記述は、ネンニウス（?-）の『ブリトン人史』（八二九／三〇年頃成立）の四六章に既に見える。*Historia Brittonum*, hg. v. Theodor Mommsen, in: MGH Auctores antiquissimi XIII, Berlin 1898, cap.46, S.189.

## 八章　ザクセン人の名声が広まり、ブリトン人によって救援を要請されたこと

これらの事件が、今日ではザクセンと呼ばれる地方で起きていた頃、ブリタニアは、隣接する諸民族によって襲撃されていた。[20] それというのも、この地は、はるか昔に皇帝ウェスパシアヌス[21]によって属州に加えられ、ローマ人の庇護の下に服しながら長らく発展してきたが、今や

ローマ人の援軍を失ったかに見えたからである。ローマ人は、皇帝マルティアルス(22)がその配下の兵士によって殺害され、外敵との戦争によってまったく衰退してしまった結果、友人に対して通常の援軍を提供することが出来なくなっていた。それでもローマ人は、この地方の防衛のために、敵の攻撃が予測される海と海の間の境界地に巨大な塁壁(23)を築き、その後でこの地方を立ち去ったのであった。

しかしながら、より勇敢で戦《いくさ》慣れした敵勢にとって、この塁壁を破壊することは実に容易《たやす》いことであった。彼らと対峙したのは、か弱く戦を厭う民族だったからである。そこで、ザクセン人が首尾良く事を運んだ(24)との噂を聞きつけた人々が、救援を請うべく恭しく使者たちを派遣するという事態に至ったのである。「良きザクセン人の皆様!」、使者たちは、前に進み出て言上した。「憐れなブリトン人は、敵方の度重なる襲撃によってひどく衰え、疲れ果てておりま す。彼らは、あなた方の成し遂げた数々の偉大なる勝利を聞きつけ、我らをあなた方のもとに遣わしました。あなた方が、彼らに対する救援を拒否せぬよう嘆願するためです。ブリトン人は、その広く大きな国(25)と満ち溢れたあらゆる財貨を、あなた方の支配に供し服従致します。我らは、これまでローマ人の庇護と後見の下に服しながら、自由に生きてまいりました。我らは、ローマ人に次ぐ者としてあなた方以上に相応しい人々を知りませんので、あなた方の勇敢さの庇護の下に避難することを望んでおります。我らは、ただひたすらあなた方の勇敢さ、あなた方の武器によってのみ、敵に勝ることが出来るのであって、そのためにはたとえいかなる従属を課されたとしても、我らは喜んで耐え忍ぶ覚悟が出来ております」。

父祖たちは、これに対し簡潔に返答した。「汝たちは知るが良い、ザクセン人はブリトン人にとって信頼すべき友人であり、彼らの求めと利益の双方にいつも気遣っていることを」。使者たちは、喜び勇んで故郷に帰り、待望の報せによって、仲間たちの間にさらに大きな歓喜を引き起こした。約束の軍隊は、その後ブリタニアに派遣され、友人たちによって喜んで迎え入れられた。軍隊は、直ちにこの地を盗賊たちから解放し、住民にその故郷を返還した。これを実現することは容易いことであった。なぜならば、ザクセン人の名声をかねてより聞きつけていた者たちは恐れおののき、彼らがただこの地に滞在しているというその事実だけで、早くも逃亡することを余儀なくされたからである。

ブリトン人に敵対していた民族は、スコット人とピクト人であった(26)。ザクセン人は、かの者たちと戦っている限り、生活に必要なものはすべてブリトン人から提供された。彼らは、暫しこの地に留まり、ブリトン人との友好関係から巧みに利益を得たのである。ところが、軍隊の指揮官たちは、この地は広大で豊かであるものの、住民たちの腕前は戦争には不向きであり、一方、指揮官たちと大半のザクセン人は確たる住居さえ有していない状況[27]に鑑みて、もっと大規模の軍隊を呼び寄せ、スコット人、ピクト人と和平を結んだのである。それから、すべてのブリトン人と戦《いくさ》を交え、この者たちをその地から追放し、そこを自らの支配下に置いたのであった。この島は、海の縁（*angulus*）に位置しているので、彼らは今日までアングロ＝サクソン人と呼ばれている[28]。

もし、以上の事柄すべてについて、誰か詳細を知りたい者がいるならば、その者はこの民族の歴史[29]を読むが良い。そこには、これらすべてが、いかなる指揮官の下でいかにして起き、また彼らがいかにしてその時代の最も聖なるお方、すなわち教皇グレゴリウス[30]によってキリスト教の信仰に到達したかを見出すであろう。我々は、しかしながら、既に着手した歴史の道程に戻ることとしよう。

(20) 参照、ベーダ『アングル人の教会史』第一巻一二章以下（邦訳三〇頁以下）。
(21) 在位六九—七九年。
(22) 「マルティアルス」という皇帝は実在しない。理解されているのは、東ローマ皇帝マルキアヌス（在位四五〇—五七年）であろう。彼は、実際には自然死で亡くなったが、パウルス・ディアコヌス『ローマ史』第一四巻一九章では、陰謀を企んだ配下の者たちによって暗殺されたとされている。
(23) ハドリアヌスの長城。参照、ベーダ『アングル人の教会史』第一巻一二章（邦訳三二頁）。

(24)　参照、前述六章注一七。
(25)　『創世記』三四・一二、『イザヤ書』一二・一八。
(26)　以下、ベーダ『アングル人の教会史』第一巻一五章（邦訳三七―三八頁）を参照。
(27)　サッルスティウス『カティリーナ』第六節（邦訳四〇頁）。
(28)　正しくは、同じくブリテン島に渡った「アングル人（*Angli*）」の民族名との結合によって造語された。ヴィドゥキントは、征服に際してのザクセン人の役割を強調するために、アングル人の存在に敢えて言及しなかったと考えられる。
(29)　ベーダ『アングル人の教会史』。
(30)　グレゴリウス一世（〝大教皇〟、在位五九〇―六〇四年）。参照、ベーダ『アングル人の教会史』第一巻二三章（邦訳五二頁以下）。

九章　テイアドリヒが国王に選ばれ、イルミンフリートに対抗してザクセン人を救援のため呼び寄せたこと(31)

その後、フランク人の国王フーガ(32)が死去した。しかし、彼は、唯一人の娘アマラベルガ(33)を除く他のいかなる者も相続者として後に遺さなかった。彼女が嫁いだ先は、テューリンゲン人の国王イルミンフリートであった。ところが、フランク人の人民は、その主人から思い遣りと慈悲をもって遇されてきたので、感謝の念の証しとして、ティアドリヒ(34)を国王に塗油した。もっとも、彼は、フーガが愛妾との間にもうけた息子であった。ティアドリヒは、国王に指名されると、平和と協調のための使者をイルミンフリートの下に派遣した。

イルミンフリートの前に通された使者は、言上した。「この世の人間の中で最高至善(35)なる我が主人ティアドリヒは、私めをあなた様の下に遣わしました。主人は、あなた様の御多幸と広大な支配領域に対する末永い統治を望んでおります。お伝えするよう命じられたのは、あなた様にとって彼は主人ではなく友人であり、命令者ではなく親族であること、そして、あなた様に対し親族としての義務を最後まで損なうことなく守り続ける、という意志であります。彼は、フランク人との和合を不和にする(36)ことのなきよう、あなた様に心から請うております。なぜならば、彼らは、自らが国王に立てた方に従うのを良しとするからです」。

これに対し、イルミンフリートは、国王たる者の権威に相応しい慈悲深い態度で、使者に向かって返答した。フランク人の決断を了とするし、彼らとの和合を不和にすることのなきよう、切に平和を望んでいる。ただし、王位継承の件(37)については、友人たちが参集する時まで返答を先送りしたい、と。彼は、使者を名誉をもって遇し、彼らを暫時自らの元に留め置かせた。

ところが、王妃は、兄弟の使者が到来し王位継承の件について国王と話し合ったことを聞くと、イリングに対し一緒に夫を説得するよう促した。すなわち、彼女は国王の娘であると同時に王妃の娘でもあるのだから、相続法によれば王国は彼女に帰すること、他方、愛妾の息子であるティアドリヒは彼女の従僕にすぎず、自らがその従僕如きに服するなどありえぬことである、と。このイリングという者は勇敢な男で、剛勇にして(38)理解力に長け(39)、助言において鋭く、行動において不屈であり、他の者を説得する術《すべ》に秀でていた。かくして彼は、イルミンフリートの心を捉えることに成功したのであった。

さて、君公たちと親族の友人たちが集結すると、イルミンフリートは、その面前で使者の言葉を披露した。彼らは皆一致して、平和と協調に向かう(40)意志を抱くよう助言した。なぜならば、彼は、フランク人の側からの攻撃に太刀打ち出来ないし、さらに別方面の敵からのより激しい攻撃によって圧倒される恐れもあるから、と。これに対し、イリングは、向こう見ずな女の望みを満足させるべく、イルミンフリートに向かって進言した。彼は、フランク人などに譲歩してはならず、王位継承の件では正義を貫くべきこと、加えて広大な支配領域を有しており、戦士の数、武器および他の戦《いくさ》道具においてもティアドリヒとまったく対等である、と。

イルミンフリートは、この言葉に従い、使者に対して返答した。自らは、ティアドリヒに対し友好と親族関係を拒みはしない。しかしながら、かの者が自由身分の獲得に先んじて支配権を獲得せんと意図していることには、驚きを禁じ得ない。従僕に生まれたかの者が、どうして余に対する支配権を要求しうるのか？　自らが、その従僕如きに服することなどありえはしない、と。

「それならばむしろ」、使者は激昂して反論した。「この私めの首をあなた様に差し出すことと致しましょう、あなた様のかかる言葉を聞くくらいならば。それを贖《あがな》うには、フランク人とテューリンゲン人が夥《おびただ》しい血を流さねばならぬということ、そのことを私めは承知しているのですから」。こう述べると使者は、ティアドリヒの下に帰還した。この者は、聞いたことを包み隠しはしなかった。ティアドリヒは、激しい憤怒を晴れやかな表情で覆い隠しつつ言い放った。「我々は、イルミンフリートの御仁に仕えるべく、急ぎ赴かねばなるまい。自由を奪われた我々が、せめて命だけでも救い出すためにはな」。

彼が強大な軍隊を率いてテューリンゲン人との境界地に近づいた時、そこに見出したのは、同じく優秀な軍隊を伴った義兄弟の姿であった。待ち受けていたのは、〝ルニベルグン〟と呼ばれる地である(41)。戦闘は決着が着くことなく(42)、一日、そして二日に及んだ。三日目にイルミンフリートは、ついにティアドリヒに打ち負かされた。彼は、生き残った手勢と共に、ウンストルートと呼ばれる川の上流に位置する、シャイドゥンゲン(43)と呼ばれる城塞に逃走した。

そこで、ティアドリヒは、軍隊の指揮官・将軍たちを呼び集め、イルミンフリートを追跡すべきか、あるいは故郷に帰還すべきかについて意見を問うた。彼らの中のヴァルトリヒ(44)は、尋ねられて言上した。「私が思うに、死者たちを埋葬し、負傷者たちの手当をし、さらに強大な軍隊を召集するために、一旦故郷へと帰還すべきでありましょう。あなた様の数千名もの人々が喪《うしな》われた今、我らの手でこの戦争を収めることが出来るとは到底思えぬからです。もし、数え切れない程の蛮族(45)が我らに対して立ち上がった場合、我らの手痛い損失にも拘わらず、一体誰と手を組むことで勝利を収めることが出来るとお考えですか？」。

ティアドリヒは、一人の大いに智恵のある家来をもっていた。その者の助言がしばしば理に叶っていることをかねてより経験しており、このため親密な信頼関係で結ばれていた。男は、意見を求められて言上した。「私は、数々の名誉ある事柄の中で最も気高いのは、毅然たることであると考えます。我らの父祖たちは、それを大いに尊重してきたので、一旦始めた行動を途中で止めることなど滅多に、あるいは一度たりとてありませんでした。しかしながら、我らの苦労など、父祖たちのそれに比ぶべくもありません。彼らは、僅かな軍勢でもって、諸民族の巨大な軍隊に打ち勝ってきたのですから。さて、この地方は今や我らの制圧下にありますが、我らは、撤収することによって敗者に対し勝利への機会を提供すべきでしょうか？　もとより私とて喜んで故郷に帰還し、家族と会いたい気持ちに変わりはありません。ただし、それは、敵がこの間大人しくしているならばの話しです。我らの負傷者たちは、この休息の時を必要とするでしょうか？　むしろ、我らは、陣地での仕事に精力を傾けるべきでしょう。私が思うに、それは倦むことなき精神にとって最大の歓びとなるはずです。なるほど今、軍隊は多数の死者によって甚だしく損耗しています(46)。しかし、敵たちは皆逃げ出したでしょうか？　それはほんの僅かにすぎません。確かに、指揮官は、あたかも逃げ穴に隠れた獣の如く、城塞の壁に囲まれて身を守り、天を平静に仰ぐこともありません。それは、我らを恐れてのことです。しかし、かの者には、蛮族を集めるための金、それに疲れ切っているとはいえ、軍隊も欠けてはいないのです。これらはいずれも、我らが留守にしている間に再び補充されることでしょう。勝者が敗者に対して、勝利への好機を与えるなど恥ずべきことです。我らは、各々の城塞に守備隊を残すことなど出来るでしょうか？　そうしたならば、我らは、行きつ戻りつする間に、彼ら全員を喪ってしまうことでしょう」。

　この言葉を承けて、ティアドリヒ、そして勝利の栄光を渇望する者たちは、陣地に留まることを決意した。それから、かねてよりテューリンゲン人にとっての最も強力な敵、すなわちザクセン人に向けて救援要請の使者を遣わした。条件は、この者たちがイルミンフリートに勝利し、城塞を攻略した暁には、この地方を永遠の財産として彼らに譲る、というものであった。ザクセン人は戸惑うことなく直ちに、各々千名の戦士を従えた九人の指揮官を派遣した。指揮官たちは、他の者を外に残し、各々百名の戦士を引き連れて陣地に入り、ティアドリヒに向かって友好的な挨拶の言葉を送った[47]。ティアドリヒはこれを喜んで受け、彼らと握手を交わし、発言することを許した[48]。

「ザクセンの人民は」、彼らは言上した。「あなた様に服し、あなた様の命令に従って我らをあなた様の下に送りました。御覧下さい、我らは、あなた様の意志が欲することすべてに対して準備万端整っております――あなた様の敵に打ち勝つことにも、あるいは別の運命が命じられるのならば、あなた様のために死ぬことにもです。すなわち、ザクセン人にとっては、勝つかさもなくばもはやこれ以上生き長らえないこと、それ以外の意志はあり得ないということをあなた様は知るべきです。我らが友人に対して示しうる最高の好意、それは彼らのために死ぬことを恐れたりはしないということなのです。あなた様がこのことを自らの経験を通じて知ること、それが我らにとっては何よりもの望みなのです」。

彼らが語っている間、フランク人は身体と精神において傑出した男たちに驚愕した[49]。感嘆したのは、その新奇な衣服、武器、肩を越えて垂れ下がった髪であったが、しかしながら何にもまして驚いたのは、精神の大いなる強靱さであった。彼らは外套で身を覆い、(50)長い槍で武装し、小さな盾を支えとし、腰には大きな匕首を帯びていた。ある人々は、フランク人は、かかる友人をかくも多数は必要としないという意見であった。彼らは、抑えることの出来ない類《たぐい》の人間であって、もしこの者たちがこの地方に住もうものなら、いつの日かフランク人の王国を破滅させるに相違ない、と。しかし、ティアドリヒは自らの利益を考えて、男たちを同盟者として受け入れた。そして、城塞を攻撃するために準備するよう彼らに命じた。

国王の下から戻ると、彼らは城塞南側の川〔=ウンストルート〕の岸辺に陣地を築いた。翌日、朝陽が射すと起き上がり、手に武器を取って手前の城邑《じょうゆう》(51)を攻略し、火を放った。城邑が占拠され炎上した後、東の塔に向かって戦列を整えた。城壁内に閉じ込められた人々は、整然たる戦列を見、自らが逼迫《ひっぱく》した状況にあることに気付くと、大胆にも門を開いて外に打って出、敵勢に無我夢中で襲いかかった。まず投げ槍、次いで剣による格闘が続いた。(52)激烈な戦闘が繰り広げられ、多数の者が双方の側で殺害された。かの者たちは、故郷のため、妻と子供たちのため、最後に自らの命のために戦ったが、(53)ザクセン人の目的は、栄光と土地を獲得することであった。戦場では、互いに鼓舞し合う男たちの叫び声、物々しい武器の音、死に逝く者の呻き声が鳴り響き、この場景は一日の間止むことはなかった。至る所で殺戮がおこなわれ、叫び声が挙がったが、軍隊はその場を離れはしなかった。交戦がようやく収束したのは、夜の帳《とばり》が降りたからである。[54] この日、テューリンゲン人の側では、多数の死者と負傷者が出た。ザクセン人の死者は六千を数えた。

（31）以下、九―一四章の歴史的舞台となっているのは、五三一―三三年頃に起きたフランク人とテューリンゲン人の間の戦争である。同時代の諸史料、特に主要な史料であるトゥールのグレゴリウス（五九四年歿）の『フランク人の歴史』第三巻四、七、八章は、ザクセン人の関与について一言も触れてはいない。しかし、ヴィドゥキントに先立つフルダ修道士ルードルフ『聖アレクサンダー移葬記』（八六五年頃成立）、および後続の『クヴェトリーンブルク編年誌』（当該箇所は一〇〇八年頃成立）の計三点は、類似の物語を伝えている。巻末の「解説」二七三頁を参照。ヴィドゥキントらの後代の叙述の信憑性を口頭伝承の観点から擁護する研究者は、グリムの研究以来、テューリンゲン戦争を題材とする英雄叙事詩「イリングの歌」の存在を推測している。Jacob Grimm, *Deutsche Mythologie*, 4. Aufl., besorgt v. Elard Hugo Meyer, Bd.1, Berlin 1875, S.296ff.

（32）念頭にあるのは、初代メロヴィング朝フランク国王のクローヴィス（在位四八一／八二―五一一年）である。ただし、彼は、死去時に四人の息子を有していた。最年長の息子テウデリヒ（一世、在位五一一―三三年）の名は、『クヴェトリーンブルク編年誌』において「フーゴー・テウデリヒ」と記されている。「かの者はフーゴー・テウデリヒという名で、フランク人である。なぜならば、かつてすべてのフランク人は、フーゴーという彼らの大公によって、フーゴーたちと呼ばれたからである」（S.412）。ヴィドゥキントの「フーガ」は、この名に由来するのであろう。

（33）アマラベルガは、実際にはメロヴィング王家の生まれではなく、東ゴート国王テオドリック（在位四七一―五二六年）の姪である。参照、ヨルダーネス『ゴート人の歴史』五八章。東ゴート国王を同名のフランク国王ティアドリヒ（後出）と混同したのであろう。イルミンフリートとの結婚は五一〇年頃。
（34）テウデリヒ（注三二）が非嫡出子であったことは、グレゴリウス『フランク人の歴史』第二巻二八章（邦訳一四三頁）が伝えているが、彼は、実際には他の三人の兄弟と共に王位を継承している。
（35）スエトニウス『ローマ皇帝伝』第四巻「カリグラ」二二章（邦訳三二頁）。
（36）参照、オウィディウス『変身物語』第一巻四三三行（邦訳三一頁）。
（37）参照、『第二マカベア記』一〇・一一。
（38）ウェルギリウス『アエネーイス』第九歌五九二行（邦訳四二八頁）。
（39）サッルスティウス『ユグルタ戦記』第七節。
（40）参照、『ルカの福音書』一四・三二。
（41）*Runibergun*。地名の特定については今日もなお議論があり（ハノーファー、アイゼナッハ、ウンストルート川、ハインライテの丘の各近傍）、未解決である。戦闘がおこなわれたのは、五三一年と推定される。参照、グレゴリウス『フランク人の歴史』第三巻七章（邦訳一九七頁）。
（42）参照、カエサル『ガリア戦記』第一巻二六章（邦訳二三頁）。
（43）今日のブルクシャイドゥンゲン。
（44）不詳であるが、「イリングの歌」の存在を推量する研究者（注三一）は、英雄叙事詩で讃えられた人物と推定している。

(45) ヴィドゥキントは、「蛮族（*barbari*）」という語を異教徒に限定して用いる。ここでは異教時代のザクセン人を指す。
(46) 参照、カエサル『内乱記』第三巻八九章（邦訳二〇九頁）。
(47) 参照、『第一マカベア記』七・一〇。
(48) 参照、ウェルギリウス『アエネーイス』第一歌五二〇行、第一一歌二四八行（邦訳三四、五一四頁）。
(49) フランク人の習俗では、髪を剃るのが通例であった。
(50) 長く幅広で、下方に波打つ亜麻布製の衣服。フランク人の服装については第二巻一章を参照。
(51) 原語は *oppidum*。ヴィドゥキントの語法では、城壁外の防備を施されていない定住地を意味する。
(52) サッルスティウス『カティリーナ』第六〇節（邦訳一二七頁）。
(53) 参照、サッルスティウス『カティリーナ』第五八、五九節（邦訳一二四頁、一二六頁）。
(54) サッルスティウス『ユグルタ戦記』第六〇節。



## 一〇章　イリングがティアドリヒを唆して、ザクセン人に対抗させたこと

かくしてイリングは、イルミンフリートによってティアドリヒの下に派遣された。嘆願の使者とあらゆる宝物を従えて、和平と自発的な服従を請うためである。イリングは前に進み出て言上した。「ここにおります我らを遣わしたのは、あなた様のかつての親族で今や従僕になっ

た者でございます。かの方についてはともかく、せめてあなた様の不幸な姉妹、今や困窮に喘ぐ甥たちに対して憐れみを賜りますように」。涙を流しながらこう述べた時、黄金で買収された君公たちが口を挟み、付け加えた。そのような願いを斥けないことこそ、国王たる者の御慈悲に相応しいし、両者の性質に相通じるところがあることも忘れるべきではない。さらに、既に打ち負かして衰えさせ、そのため今後二度と反抗出来ない者たちを同盟者として得ることは、かの抑え難い程に忍耐力のある人間を味方にするよりも有益である。かの者たちからフランク人の王国が期待出来るのは、脅威以外の何物でもない。今まさに平定したばかりの戦争で、ザクセン人がいかに苛酷で打ち負かし難いかを知ることが出来た。それ故、この際テューリンゲン人の申し出を受け入れ、かの者たちをこの地から共同で追い払う方が得策である、と。

この言葉によって、ティアドリヒは不本意ながらも変節した。そして、翌日になったら義兄弟を赦し、ザクセン人とは袂を分かつと約束したのである。イリングは、この言葉を聞くと直ちに国王の足下にひれ伏し、命令者たる者の慈悲深い決断を褒め称えた。それから、主人に向け待望の使者を遣わすことで、彼を喜ばせ、城塞全体を安堵させた。ただし、イリング本人は、不測の事態が起きることのないよう、その夜は〔フランク人側の〕陣地に留まった。

この間、和平の約束によって静穏さを取り戻した城塞から、一人の〔テューリンゲン人の〕

男が鷹を伴って出て来た。上述の川〔＝ウンストルート〕の浅瀬で餌を探すためであった。彼が鳥を空に向け飛び放つと、これを対岸にいた一人のザクセン人が直ちに捕まえた。男はそれを返すよう頼んだが、ザクセン人は拒絶した。そこで、かの男は言った。「こちらへ引き渡して下さい。そうしたならば、私はあなたにある秘密を打ち明けましょう。それは、あなたとあなたの仲間たちにとって役に立つものです」。ザクセン人は返答した。「話すのだ、お前が望むものを手に入れたいのならば」。「国王たちは」、男は言った。「互いに和平を結びました。そして、明日陣地であなたたちと会ったならば、捕らえるか、場合によっては殺害することに決しました」。ザクセン人は問い返した。「おまえは本気で言っているのか、それとも冗談か？」。「明日の二時課に(55)」、男は言った。「あなたたちは、冗談抜きで行動しなければならないことを悟るでしょう。ですから良く相談して、あなたたちの救いを逃走することに求めなさい」。ザクセン人は、直ちに鷹を空に放つと、仲間たちに聞いたことを伝えた。彼らは心底から慌てふためき、これからどうしたものか俄《にわか》には判断出来なかった。

(55)　不定時法のため地域と季節により異なるが、平均的には午前七時—八時の間。

## 一一章　ハタガートがザクセン人を戦闘へと鼓舞したこと

この時、陣地に一人の古参の戦士がいた。既に年老いてはいるが、この老年もまだ青臭くて初々しく、(56)その優れた才能のお陰で「父たちの父」と呼ばれていた。名はハタガートといった。(57)彼は、ザクセン人の間で神聖視されている旗を手に取った。そこには獅子と竜の姿が、上には空を飛ぶ鷹の姿が描かれており、それらは勇敢さ、賢明さ、あるいは他の徳性の働きを示すものであった。そして、身体《からだ》の動きで精神の堅固さを示しつつ語った。

「自分はこれまで、優れたザクセン人の中にあって生き長らえてきた。老年のほぼ限界に至るこの歳まで人生を送ってきたが、私のザクセン人が逃亡する姿を見たことなど、かつて一度たりとてなかった。これまで経験したことのないこと、それを何故《なにゆえ》にこの期に及んで強いられるのであろうか？　自分には戦うことは出来るが、逃げることは出来ないし、その気など毛頭もない。もし、運命が自分にこれ以上生きることを許さぬというのならば、(58)せめて私にとって最も好ましいことだけは許して欲しい。それは、友人たちと共に死ぬことである。父祖たちの勇敢さの模範、それは自分にとっては、我らの周りに横たわっている友人たちの亡骸である。

彼らの望みは、打ち負かされるくらいならば、むしろ死ぬことであり、敵を前に戦場を立ち去るくらいならば、むしろ不屈の魂を息絶えさせることであった。それにしても、死を恐れぬよう私が説き伏せる必要が、一体どこにあるだろうか？　我らがこれから立ち向かう相手は、無邪気な者たちであって、その先にあるのは戦闘ではなく死人たちにすぎない。彼らは、和平の約束と我らの甚大な損失の故に、いかなる不運をも予期してはいないからだ。彼らは、今日の戦いですっかり疲れ切っており、恐れも、見張りも、あるいは日頃の警戒心も欠いた状態である。だから、無防備で眠りに埋もれた者ども(59)も目がけて我らが襲いかかるのは、実に容易いことだ。わしを指揮官とし、その後に従うのだ。もし、話しと違うならば、その時わしは、汝たちにこの白髪の頭を差し出すことにしようではないか」。

　彼らは、このまったくあっぱれな演説に鼓舞されて、その日の残りを身体を休めることで過ごした。その後、深い眠りが人々を包む第一夜警時(60)になると、合図に呼応して武器を手に取った。そして、指揮官の後に続いて城壁を乗り越え突進し、大きな叫び声を挙げながら、見張りの番兵のいない城塞の攻撃に取りかかった。それに驚いた敵の一部はその救いを逃走に求め、他の者は酔っぱらいの如く路地や城壁のあちこちを彷徨《さまよ》った。さらに他の者は、自らの仲間であると思い込んだザクセン人の手に堕ちた。彼らは、大人は皆死へと委ねたが、若者たちは捕虜として留め置いた(61)。その夜は、喧噪、殺人、略奪に包まれ、城塞のいずこにも静穏な場はなかった。それは夜明けの暁が立ち昇り(62)、無血の勝利をあからさまにしたその時まで続いたのである(63)。国王、すなわちイルミンフリートを捕縛したならば、それは最高の勝利を意味したであろう。しかし、捜索の結果、彼は妻子と僅かの従者を連れて、既に逃亡した後であったことが判明した。

(56) ウェルギリウス『アエネーイス』第六歌三〇四行(邦訳二六〇頁)。
(57) ルードルフ『聖アレクサンダー移葬記』一章は、彼を「ザクセン人の指揮官(*dux*)」と呼んでいる。
(58) 参照、ウェルギリウス『アエネーイス』第一歌一八行、第四歌六五一行(邦訳五、一八二頁)。
(59) ウェルギリウス『アエネーイス』第二歌二六五行(邦訳六六頁)。
(60) 古代ローマ時代において、夜間は四交替制の夜警に対応して、日没から日の出まで四等分した時間帯で表記された。昼夜が等しい秋分の時期の一〇月一日(後述一二章)の場合、第一夜警時は午後六時から九時頃となる。しかし、ヴィドゥキントの文脈では明らかに深夜の時間帯が理解されており、夜警時の表記とは合致しない。
(61) 参照、サッルスティウス『ユグルタ戦記』第五四節、九一節。
(62) 参照、ウェルギリウス『農耕詩』第一歌四四六―四四七行(邦訳一〇二頁)。
(63) サッルスティウス『カティリーナ』第六一節(邦訳一二八頁)。「無血」とは、ザクセン人の側の損害が皆無であった、との意。

## 一二章　ザクセン人が城塞を占拠した後、鷲を据えたこと

朝になると、彼らは鷲を東の塔に据え、勝利の女神のために祭壇を設けた。そして、彼女を父祖たちの誤った教えに即して独自の神聖な儀式で崇拝した。女神は、名においてマルスを、姿はヘラクレスの柱を、場所はギリシア人がアポロと呼ぶ太陽を表していた。ザクセン人をギリシア人の子孫と見なす人々がいるが(64)、それ故、彼らの意見は信ずるに足るように思われる。マルスは〔我々によって〕ヒルミンと、ギリシア語ではヘルメスと呼ばれており、この語〔＝ヒルミン〕を我々は、〔ギリシア語に由来することを〕意識することなく今日まで賞賛ないし叱責のために用いているからである(65)。さて、彼らは、三日間に亘り勝利の祝いを繰り広げ、敵から奪った戦利品を分け与え、死者のための弔いをおこなった。そして、指揮官をすべてに勝って賞賛し、神の霊と比類のない勇気が彼の内に宿っていると叫んだ。指揮官が堅固さによってそれを成就したので、彼らはこの勝利を勝ち取ることが出来たのだ、と。

以上、すべての出来事が起きたのは、父祖たちの記憶の伝えるところによれば、一〇月一日であった。この過ちの日は、敬虔な人々の指示に基づき、我々に先んじて亡くなったキリスト

教徒のための断食、祈禱、喜捨の日へと代えられた(66)。

(64) 参照、前述二章。

(65) この箇所の解釈については多々議論があるが、ここでは刊本二一頁注二に引用されたケーアの解釈に従った。

(66) 中世において、聖ミカエル祭(九月二九日)の後の日曜日に始まる一週間は、すべての死者たちの魂の救済を祈る die gemeine Woche として祝されていた。その痕跡は一六世紀以降まで確認される。

## 一三章　ティアドリヒがザクセン人にこの地を譲り、イルミンフリートは殺害されたこと

かくして、これらすべてが終結した後、彼らはティアドリヒの陣地に帰還した。国王によって迎えられ、大いに賞賛され、この地方を永遠の所有物として受け取った。彼らはまた、「フランク人の同胞にして友人」と呼ばれ、火を放つのを控えた城塞〔＝シャイドゥンゲン〕に自らの住居として初めて居を構えたのである。

ところで、国王たちがいかなる最後を迎えたのか、私はそれを伝えるのを忘れてはなるまい。この伝説は記憶されるに値するのだから。イリングは、城塞が攻略されたのと同じ日にティ

アドリヒの下に遣わされた。その夜に彼によって迎え入れられ、陣地に滞在した。ところが、ティアドリヒは、イルミンフリートが逃走したと聞くと、奸計を巡らして彼を誘き出し、イリングに殺害させようと企てたのである。それというのも、この者は、彼から豪華な贈り物を授かり、王国において強大な権力に浴していたからである。もっとも、ティアドリヒ本人は、暗殺には関わりがないそぶりを示す腹であった。イリングは、この計略を受け入れるのは本意ではなかったものの、最終的には偽りの約束によって買収されて承諾し、ティアドリヒの意志に従う覚悟であると言明した。

その後、誘き出されたイルミンフリートは、ティアドリヒの足下にひれ伏した。ところが、国王の護衛として抜き身の剣を手にしてその横に立っていたイリングは、跪《ひざまづ》いた自らの主人を殺害したのである。(67) すると、国王は直ちに彼に向かって言い放った。「主人の殺害というかかる犯罪によって、汝はすべての人間の憎むところとなった。しかし、汝は、我らの面前を立ち去り好きな道を行くが良い。我らは、汝の悪行についていかなる責任も関わりももってはいないのだ」。「まさしく」、イリングは応じた。「私はすべての人間の憎むところとなりました。が、それはあなたの奸計に耳を貸したが故です。私は今、ここから立ち去る前に自らの所業を贖《あがな》い、主人の仇に報いる所存です」。そう言うと彼は、抜き身の剣を手に立ったまま、今度はティアドリヒを殺害した。そして、主人の亡骸を掴むと、ティアドリヒの亡骸の上に置いた。それは、現世では打ち負かされた者を、せめて死において勝者にさせるためであった。それから、剣で道を切り開きながら、彼はいずこかへと立ち去っていった――。

この物語ははたして信ずるに足りるのか、それは読み手の判断することである(68)。それはともかく、天のいわゆる天の川が、今日までイリングの名に因んで呼ばれているように(=「イリングの道」)、この伝説は大いに意味深いのであり、我々は、そのことにただただ驚きを禁じ得ないのである。

(67) イルミンフリートは実際には、ライン地方のテュルピヒの城塞で、テウデリヒの命により城壁から突き落とされ殺害された(五三三年頃)。参照、グレゴリウス『フランク人の歴史』第三巻八章(邦訳一九九頁)。その後、王妃アマラベルガは、子供たちを連れて東ゴート王国に逃走した(五三五年)。

(68) 参照、サッルスティウス『ユグルタ戦記』第一七節。

## 一四章　ザクセン人が地方を分割し、三つの身分と三つの法の下に生きていること

かくしてこの地方を占拠した後、ザクセン人は、フランク人の同胞にして友人として至高の

平和の中で生きることを目指した。彼らの救援にやって来た友人および解放された人々と土地の一部を分かち合う一方、打ち負かされた民族の生き残りに対しては貢納の義務を課した。このため、ザクセン人は今日に至るまで、奴僕は別とすれば、出自と法に即して三つの身分に分類されているのである(69)。

全民族の軍事指揮もまた、三人の君公の手に委ねられており、その権限は特定の領域内で軍隊を召集することに限られた。良く知られているように、これらの軍隊は、その居住地と名前に即して、東方の人々、エンゲルン人、ヴェストファーレン人と呼ばれる人々から成っていた(70)。しかし、もし大規模な戦争が起こった時には(71)、全員が服すべき人物を籤《くじ》で選び、差し迫る戦争の遂行(72)を委ねた。終結後は、自らの力に満足しつつ、各人とも同一の法と立法の下で生きたのである(73)。我々の個々の立法の相違をこの小さな書物で取り上げることはしないが、それというのも、ザクセン人の立法は既に数多く丁寧に記述されているからである(74)。

ボーデ川の向こうで生活しているスェーヴィ人が、今日住んでいる地方を占拠したのは、ザクセン人がランゴバルト人と共にイタリアに赴いた時であった（五六七／六八年）。そのことについては、彼らの歴史書が語っている(75)。このため、スェーヴィ人は、ザクセン人とは異なる立法を用いている。さて、こうしてザクセン人は、フランク人の移り気な誠実――このことについては、彼らの事績録[76]に記述されているので、我々が述べる必要はあるまい――を経験した後、カール大帝の時代まで父祖たちの誤った教えに執着し続けたのである。

(69) 奴僕を除く三身分として理解されているのは、「貴族」、「自由人」、「半自由人」である。ルードルフ『聖アレクサンダー移葬記』一章によれば、テューリンゲン戦争で多数の戦士を喪失したザクセン人は、主に東方の土地の一部を、貢租支払いを条件に植民者に提供した。ルードルフは、続けて「貴族（*nobiles*）」、「自由人（*liberi*）」、「被解放人（*liberti*）」、および「奴僕（*servi*）」の四身分を明記している。参照、ニタルト『歴史四巻』、第四巻二章（岩村清太訳『カロリング帝国の統一と分割――ニタルトの『歴史四巻』』知泉書館、二〇一六年、七〇頁）。

(70) 「東方の人々（*orientales populi*）」とは、オストファーレン人を指す。参照、『ザクセン人法典』四七、四八章。

(71) 『出エジプト記』一・一〇。

(72) サッルスティウス『ユグルタ戦記』第二九節。

(73) 参照、ベーダ『アングル人の教会史』第五巻一〇章（邦訳三八三頁以下）。

(74) カール大帝の命で編纂された『ザクセン人法典』の一写本が、かつてコルヴァイ修道院に存在していたことが確認されている。

(75) パウルス・ディアコヌス『ランゴバルト人の歴史』第二巻六章、三巻五―七章（邦訳四八、七五頁以下）。参照、グレゴリウス『フランク人の歴史』第四巻四二章、五巻一五章（邦訳三二九、三九五頁以下）。

(76) アインハルト『カール大帝伝』、『伝アインハルト編年誌』（八一四―一七年頃成立）のことか。

# 一五章　カール大帝が彼らをいかにしてキリスト教徒にしたか

ところで、諸王中で最も勇敢なこのカール大帝は、智恵においてもまた傑出していた。その時代の他のいかなる人間よりも賢明だったので、隣接する高貴な民族が空しい誤った教えに固執し続けるべきではないと考え、いかにしてこの民族を正しき道へと導くべきか、あれこれ熟慮した。そして、時には穏やかな説得、時には戦いの武力に訴えて彼らを強制し、皇帝としての統治の三〇年目[77]——最初は国王であったが、後に皇帝に立てられた——、全治世を通じて決して疎かにすることのなかった努力によって、ついにそれを実現したのである。こうして、かつてはフランク人の同胞であり友人であった人々は、我々が眼前にしているように、今や兄弟となり、キリスト教信仰を通じてあたかも一個の民族へとなったのである[78]。

(77)「三〇年目」とは、もとより皇帝在位ではなく、ザクセン戦役（七七二―八〇四年）の開始からの大凡の期間である。終結時として理解されているのは、ザルツの和約（八〇三年）か最後の遠征（八〇四年）である。アインハルト『カール大帝伝』第八章は、戦役が三三年目に終了したと、ポエタ・サクソ『カール大帝への頌歌』第四巻一章一一二行は、ザルツの和約をカールの統治三五年目と記している。

ヴィドゥキントは両者の数字を混同し、「皇帝統治三〇年目」と誤記したのであろう。
(78)「フランク人の同胞であり友人」という文言は、一三、一四章に既出。なお、ここでのヴィドゥキントの言い回しは、『第一マカベア記』(八・一七以下、一二・三以下、一四・一八、一四・四〇、一五・一七)、と並んで。先行する歴史叙述の影響下にある。アインハルト『カール大帝伝』第七章：「〔ザクセン人は〕キリスト教の信仰とその秘蹟を受け取り、フランク人と一体となって、彼ら共々一つの人民となるべきである……」(邦訳一五頁以下)。ポエタ・サクソ『カール大帝への頌歌』第四巻一章一一一―一一四行：「〔ザクセン人は〕ついに同盟によって、フランク人の同胞となった。協調して一つの民族にして人民となり、常に一人の国王に互いに対等に服するべく……」。

## 一六章　ルートヴィヒ、ブルーノ、オットー、国王コンラート

東フランク人を統治したカロリング家最後の国王は、アルヌルフの息子のルートヴィヒ[79]であった。アルヌルフは、今日統治する国王ロテールの曾祖父カールの兄の息子であった[80]。ルートヴィヒは、ブルーノと偉大なる大公オットーの姉妹、リーウトガルトを妻に迎えたが、その後僅か数年しか生きなかった[81]。彼らの父のリーウドルフは、ローマに旅し、聖なる教皇インノケンティウスの聖遺物をもたらした[82](八四五／六年)。兄弟のうちブルーノは、全ザクセンに

及ぶ大公権を有し、デーン人に対し軍隊を率いたが、突然の洪水に呑み込まれ戦いに至ることなく全軍共々命を落とした(83)（八八〇年二月二日）。彼が大公位を遺した弟は、生まれにおいて年少ではあるものの、すべての徳において兄をはるかに凌駕していた。国王ルートヴィヒにはしかしながら息子がなく、すべてのフランク人とザクセン人の人民(84)は、オットーに国王の冠を載せることを望んだ。しかし、彼自らは、高齢を理由に統治権の重荷を引き受けることを斥けた。そこで、その助言に基づき、それまでフランク人の大公であったコンラート(85)が国王に塗油された(86)（九一一年一一月）。ただし、最高の命令権は、常にそしてどこでもオットーの側に存したのである。

（79）ルートヴィヒ四世（〝幼童〟、在位九〇〇―一一年）。
（80）アルヌルフは、カール三世の長兄カールマンの息子である。巻末のカロリング家系図を参照。ヴィドゥキントは、この東フランク国王カール三世（在位八七六―八七年、八八年歿）を、西フランク国王シャルル二世（〝禿頭〟、八四〇―七七年）と混同している（ラテン語表記では、いずれも「カロルス（*Carolus*）」）。西フランク国王ロテール（九五四―八六年）の曾祖父は、カール三世ではなく、シャルル二世の息子ルイ二世（〝吃音〟、八七七―七九年）である。
（81）ルートヴィヒ四世（〝幼童〟）は、九一一年に未婚のまま死去した。リーウトガルトが（恐らく八六九年に）嫁いだのは、カール三世の次兄のルートヴィヒ三世（〝若王〟、八七六―八二年）である。ただし、この混同は、ヴィドゥキントの事実誤認ではなく、特定の意図に発する可能性が高い。コルヴァイ修道士の記述に従うならば、オットーは、ザクセン大公にして、「東フランク人を統治したカロリング家最後の国王」の〝義兄弟〟ということになり、血統権の観点から王位継承権を主張しうるからである。参照、Althoff, *Adels- und Königsfamilien im Spiegel ihrer Memorialüberlieferung*, S.224-226.

（82）リーウドルフ（八六六年歿）と妻オーダ（九一三年歿）は、ローマ教皇セルギウス二世（在位八四四―四七年）からの贈り物として、教皇アナスタシウス一世（三九九―四〇二年）とインノケンティウス一世（四〇二―一七年）の聖遺物を得た。両教皇は、八五六年にリーウドルフによってガンダースハイムの地に建立された、オットー家の家修道院の守護聖人として祀られた。

（83）同時代史料の『フルダ編年誌』の八八〇年の項は、ブルーノ他が洪水により不慮の死を遂げたのではなく、大敗を喫して戦死したことを伝えている。「ザクセンではノルマン人に対して不幸な戦闘がおこなわれた。なぜならば、ノルマン人が勝者となり、彼らは、テオデリヒとマルクヴァルトの二人の司教および一二人の伯、すなわち軍事指揮官にして王妃の兄弟ブルーノ……を、彼らの従者たち全員共々殺害したからである。他にも彼らは、一八人の国王の直臣をその家来共々打ち倒した」。*Annales Fuldenses sive Annales regni Francorum orientalis*, hg. v. Friedrich Kurze, (MGH Scriptores rerum Germanicarum, [7]), Hannover 1891, ad a. 880, S.94.

（84）原語は *omnis populus Francorum atque Saxonum*。*populus* は、通例に倣って「人民」と訳したが、その指示対象は政治的支配層に限定されており、「貴族」とほぼ同義である。「すべてのフランク人とザクセン人の人民」の具体的内容については、かねてより議論がある。もっぱら政治的に理解されたこの両集団は、国王推戴の場面においてのみ選出の母体として機能しており（参照、第一巻二六章、第二巻一章）、字義通りに解釈すべきである。

（85） コンラート一世（在位九一一—一八年）。

（86） オットーへの王位提供という証言は、他の史料による裏付けを欠いており、その信憑性は低い。コンラートの国王選出は。九一一年一一月七—一〇日の間、場所は、フランケンとバイエルンの境界域に位置するフォルヒハイム。

## 一七章　国王ハインリヒ

オットーに全世界が必要とし、国王たちの中で最も偉大にして最良の息子、すなわちハインリヒが生まれた（八七六年頃）。彼は、自由な権力をもってザクセンで統治した最初の人物であった(87)。既に若き日からあらゆる才能によってその人生を豊かにしており、傑出した賢明さとあらゆる善行による栄光は、日々増大していった(88)。なぜならば、若者の時から、とりわけ自らの民族の栄光を輝かしきものとし、平和を堅めることに全力を傾けたからである。父は、このの若者の賢明さと大いなる思慮深さを看て取り、かねてより争っていたダレミンツィ族(89)に対する遠征の軍隊と指揮をその手に委ねた（九〇六年）。ダレミンツィ族は、その攻撃に抗《あらが》うことが出来ず、彼に対抗してアヴァール人――我々は今日彼らをハンガリー人と呼ぶ――という酷く猛《たけ》た戦をする民族を呼び入れたのである。(90)

（87）参照、第一巻序文、注四。
（88）参照、『第一マカベア記』一四・二九、三五。『ルカの福音書』二・五二。
（89）マイセン周辺のエルベ川上流両岸域に居住していたスラヴ系民族。
（90）ウェルギリウス『アエネーイス』第一歌一四行（邦訳四頁）。

## 一八章　ハンガリー人、別名アヴァール人について

アヴァール人は、一部の人々が信じるように、フン人の末裔である。フン人はゴート人に発し、ゴート人はさらに、ヨルダーネスが物語ったようにスルツァという名の島に発する。(91) ゴータという大公の名前に因んで、彼らはゴート人と呼ばれている。軍隊の中の幾多の女たちが、毒を混入した廉で大公に訴えられた時、彼女らは尋問され、罪人であると断じられた。しかし、その数があまりにも多数に及んだため、彼は、然るべき罰を断念し、代わりに全員を軍隊から追い払った。追放された者たちは、近隣の森へと入り込んだ。そこは海とアゾフ海に囲まれて

おり、そこから逃げ出す術《すべ》はなかった。ところが、女たちの中には既に身籠もっていた者が何人かおり、彼女たちはそこで子供たちを産み落とした。(92)その子供たちから繰り返し新たな子供たちが生まれた結果、ここに巨大な民族が形成されることとなったのである〔＝フン人〕。野獣の如く生き、教養を欠き粗暴な彼らは、精力的な猟師になった。

この者たちは、変わることなくそこで生活し、それ以外の世界のいかなる地も知らなかった。ところが、数百年の後にある事件が起きた。狩猟の際に一頭の雌鹿を見つけて追跡したところ、後を追っているうちに、これまでいかなる人々も足を踏み入れたことのない道を遡行し続け、ついにはアゾフ海を横断するに至ったのである。そこに見出したのは、城塞と都市、そしてそれまで知られていなかった類の人間であった。同じ道を引き返すと、彼らは、仲間たちにこのことを伝えた。好奇心に駆られた者たちは、聞いた内容を検分するため、今度は大人数で徒党を組んで出立した。ところが、辺境の城塞と都市の住民たちは、見知らぬ人々の群れとその姿形、恐ろしき衣服と振る舞い(93)を見た時、これは悪霊《デーモン》であると思い込み逃げ出してしまった。かの者たちは、予期せぬ事態(94)に唖然とし驚いたため、さしあたり殺人と略奪に及ぶのは控えた。しかし、誰も抵抗しなかったため、人としての貪欲に動かされ、それから大規模な殺戮の挙に出、もはや何ものをも容赦することはなかった。それから、大量の戦利品をもって居住地に帰還した。彼らは、事がうまく運んだのを見て、今度は妻子を伴い農耕具すべてをもって、隣接する諸民族を周りから取り囲んで略奪した。そして、ついにパンノニアの地に定住することとなったのである〔＝アヴァール人／ハンガリー人〕。

(91) ヨルダーネス『ゴート人の歴史』三、四章では、島は「スカンツァ」、「スカンツィア」と記されている。以下の内容は、同書二四章を要約・改変したものである。
(92) ヨルダーネス『ゴート人の歴史』二四章では、女たちは魔法を使う者たちで、森を彷徨っている時に悪霊の目にとまり、彼らとの間に子供を身篭もった、とされている。
(93) 参照、ウェルギリウス『農耕詩』第一歌五二行（邦訳七九頁）。
(94) 参照、ウェルギリウス『アエネーイス』第六歌一〇四行（邦訳二四八頁）。

## 一九章　ハンガリー人がカール大帝によって包囲されたが、アルヌルフによって放免されたこと

ところが、彼らはその後、カール大帝によって打ち負かされ、ドーナウ河の向こうに放逐されたうえ、巨大な輪垣《わがき》(95)で包囲されたため、他の諸民族に対する常日頃の略奪行為を止めなければならなかった。しかし、アルヌルフの統治期(96)にこの塁壁は破壊され、害悪をなすための道が

彼らに開かれた（八九二年？）。それは、皇帝がモラヴィア人の国王スヴァトプルク(97)に立腹したからである。彼らがその後、いかなる損害といかなる不幸をフランク人の王国にもたらしたか、そのことは、幾多の破壊された城塞と地方が今日もなお証している通りである。(98)

さて、この民族について述べる必要があると我々が考えましたのは、殿下〔＝マティルデ〕の祖父君と父君が、いかなる者どもを相手に戦わねばならなかったのか、そして、お二方の洞察力ある徳と誉れ高き武器によって、いかなる敵の手から今日のヨーロッパの大半が解放されるに至ったのか、そのことを殿下にお知りいただくためなのです。

（95）カール大帝がアヴァール人を巨大な輪垣で包囲したという逸話は、リーウトプランド『報復の書』第一巻五章にも既に見える。
（96）在位八八七―九九年。参照、前述一六章。
（97）ドイツ語名ツヴェンティボルト。在位八七〇―九四年。参照、リーウトプランド『報復の書』第一巻一三章。
（98）以下の皇女マティルデに向けた言明は、「献呈本」（A稿）の作成時に新たに補筆された箇所である。

## 二〇章　ハンガリー人がいかにしてザクセンを荒廃させたか

上述のハンガリー人の軍隊は、スラヴ人によって呼び寄せられた後、ザクセンにおいて多大な損害を与え、果てしのない略奪を繰り広げた（九〇六年）。軍隊がダレミンツィへと戻ると、もう一つ別のハンガリー人の軍隊に遭遇した。この者たちは、ダレミンツィ族が最初の軍隊を大規模な略奪へと導いたのに対し、自分たちの側からの援軍要請についてはこれを拒んだため、最初の軍隊の友人〔＝ダレミンツィ族〕に戦いを仕掛けると脅していたのである。このため、ザクセンは、再度ハンガリー人によって荒らされるという事態になった。最初の軍隊が第二のそれをダレミンツィで待ち受けている間、この地方もまた悲惨な窮乏状態に陥った。その結果、この人々はこの年、自らの国を去り、糧を得るために他の諸民族に服従することとなったのである。

# 二一章　ハインリヒがザクセンの大公になったこと

さて、祖国の父にして偉大なる大公オットーが亡くなると（九一二年一一月三〇日）、全ザクセンに及ぶ大公位を貴顕にして光輝ある息子ハインリヒに遺した。オットーは、他にもタンクマルとリーウドルフという息子をもっていたが、二人はこの時既に亡くなっていた。国王コンラートは、新大公の勇敢さについて何度も聞き及んでいたので、亡父の権力すべてを息子に譲与するのを躊躇した。そのため、国王は、全ザクセン人の軍隊の憤激を惹起することとなったのである。それにも拘わらず、国王は、上辺では偉大な大公の賞賛と栄光のために多くの言葉を継いで(99)、彼により多くを与え、枢要な地位をもって大いに高める所存であると約束した。ザクセン人はしかし、この種の見せかけを気に留めることなく、むしろ自らの大公に対して助言した。もし、国王が自発的に父の地位をもって彼に栄誉を授ける意志がないのならば、彼は、国王に逆らってでも望みのものを得ることが出来る、と。国王は、自らに対するザクセン人の表情がいつもより暗くなり、かつ正面切っての戦闘では彼らの大公を打ち負かすことが出来ないのを看て取ると――なぜならば、大公には勇敢な戦士集団と数え切れないほど多数の軍隊が備わっていたから――、今度は奸計を巡らして彼を殺害せんと企てたのであった。

（99）参照、ウェルギリウス『アエネーイス』第七歌五九九行（邦訳三三三頁）。

## 二二章　ハインリヒ、司教ハットー、伯アーダルベルト（100）

【修道院本】（B稿）　伝えられるところによれば、この任務を担うのに最も適任の者として、国王は、ハットーという名のマインツの司教を側近くにもっていた。その氏素性は不明であるものの（101）、鋭い理解力を有していた。彼の助言が賞賛と叱責のいずれに値するのか、判断はかなり難しいところである。彼のある行いは、そのことを良く示している。コンラート、すなわち国王コンラートの父と、アーダルベルト、すなわちその姉妹を通じてハインリヒの親族（102）との間に戦闘が起きた際、まず最初にアーダルベルトの兄弟が殺害された（九〇二年）。次いで、その兄弟の報復のために、アーダルベルトによってコンラートが殺害された（九〇六年）（103）。諸王の誰一人として当時、これら有力者間の激烈な争いを鎮めること（104）は出来なかった。

最後に、深刻な争いを調停するために最高位の聖職者が派遣された。この者は、アーダルベルトの城（105）に足を踏み入れると、一つの誓約を立てた。それは、彼のために国王との和平を実現させるか、さもなくば彼を無傷でその住居に連れ戻す、というものであった。アーダルベルトは、この契約に同意し、そのうえで忠誠と友好のためにささやかな食事を提供することを申し出た。かの者はこれを断り、直ちに城を出立した。ところが、従者全員と共に城邑を後にした時、伝えられるところによれば、次のように呼ばわったという。「ああ、人はしばしば、一度は断ったものが後になって再び提供されるならば、それを所望したくなるものだ。あまりに長い道程と夜更けの時間は、余を疲れさせる。我々は、空腹のままで一日中旅することは出来ないのだから」。アーダルベルトは、喜んで司教の膝の前に腰を屈め、城に戻って食事を摂るよう切に請うた。司教は、アーダルベルトと共に再び城に戻った。ところで、司教の考えによれば、自らはそのことで誓約した義務を果たしたことになる。なぜならば、司教は実際のところ、彼を無傷でその住居に連れ戻したのだから。その後、アーダルベルトは、司教によって国王ルートヴィヒに引き渡され、有罪の判決を下された後、処刑されてしまった。

一体、かかる不誠実以上に恥ずべきことが他にあるだろうか？　しかし、それはともかくとして、かの者の処刑によって、多くの者の命が救われたのもまた事実である。[106]争いに終止符を打ち、平和を回復したかの助言以上に良いものは、はたして他にあるだろうか？[107]

同じ機転をもって司教は、最高の御慈悲によって我々だけに授けられた男に向かった。すなわち、彼のために黄金の首飾りを制作させる一方、多くの贈り物によって敬意を表するべく、彼を饗宴へと招待したのである。この間、司教は、仕事ぶりを観察するために金細工師のところに足を運んだが、首飾りを見た時、伝えられるところによれば、大きく溜息を吐いたという。金細工師は、溜息の理由について尋ねた。司教は答えて言った。この首飾りは、自らにとって親愛にして傑出した男、つまりハインリヒの血によって濡らされねばならぬのだ、と。金細工師は、聞いた言葉を押し黙ったまま口外することなく、作品を引き渡した後で旅のための暇《いとま》を請うた。それを得ると、この時ちょうど贈り物のため旅路に就いていた大公を途中で出迎え、聞いた言葉を伝えた。大公は大いに立腹し、招待の件でかねてより到来していた司教の使者を呼び出すと言い放った。「行け、そしてハットーに言うのだ。ハインリヒは、アーダルベルトよりも丈夫な首はもっていないし、我々の多数の従者によって彼を煩わせるよりも、彼にいかに奉仕すべきか、そのことについて居所に留まって協議する方が、我々は理に叶っていると考える、とな[108]」。

そして、直ちにハインリヒは、全ザクセンとテューリンゲン人の地方にある、かの者(=司教)の所領すべてを占拠した(九一三年)[109]。また、ブルヒャルトとバルドーを攻撃し——両者のうち一人は国王の義兄弟であった——、数度に及ぶ戦闘で勝利を収めた。その結果、両者は国を去り、彼は、二人の全所領を戦士たちに分け与えた。自らの奸計が潰えたのを見たハットーは、ひどい苦しみと病気に悩まされた挙げ句、(110)数日後に死去した。別の人々が語るところによれば、天から落ちた雷に打たれ、一撃によって麻痺し、三日後に亡くなったという（五月一五日）。

＊

【献呈本】（A稿）そして、彼は、ついに国王の友人たちによって命を狙われた。しかし、このことは、暗殺のための黄金の首飾りを制作した金細工師によって曝かれた。暗殺に関与した者たちの一人が、仕事ぶりを観察するために金細工師のところに足を運んだが、伝えられるところによれば、それを見た時に大きく溜息を吐いたという。金細工師が大きな溜息の理由について尋ねると、間もなくその首飾りの上には、傑出した男ハインリヒの血がしたたることであろう、という返答であった。細工師は、何事もなかったかのように、聞いた言葉を押し黙ったまま口外しなかった。作品を完成させ引き渡した後で、旅のための暇を請うた。それを得ると、カッセルと呼ばれる地の近くで大公を出迎え、どこに向かおうとしているのか内々に尋ねた。彼は、饗宴と顕彰の贈り物のために招待されており、そこに向かうつもりであると答えた。金細工師は、直ちに聞いた言葉を伝え、大公に旅を思い止まらせた。彼は、招待の件でちょうど到来したばかりの使者を呼び出し、招待に対する心からの感謝の念を主人たちに伝えるよう命じると、さらに続けた。ただし、目下のところ蛮族の度重なる襲撃のため、彼らを訪問することは出来ない。さもなくば、躊躇せず彼らへの奉仕をなすであろう、と。

そして、従者全員を率いて東に向かい、その当時マインツを管轄していた司教ハットーの全ザクセンとテューリンゲン人の地方にある所領すべてを占拠した。また、ブルヒャルトとバルドーを攻撃し――両者のうち一人は国王の義兄弟であった――、数度に及ぶ戦闘で勝利を収めた。その結果、両者は国を去り、彼は、二人の全所領を戦士たちに分け与えた。自らの奸計(111)が潰え、ザクセン人の幸運が花開くのを見たハットーは、深い悲しみと病気に悩まされた挙げ句、体力が衰え数日後に死去した。この方は、大変賢明な人物で、幼いルートヴィヒの治世においてフランク人の王国を注意深く見守り、王国内の数多くの争いごとを調停し、マインツの聖堂教会を見事な建築で飾り立てたのであった。

(100) 以下、稿本によるテキストの相違については、巻末の「解説」二七〇頁を参照。

(101) マインツ大司教ハットー一世（在位八九一―九一三年）。彼は、アレマニエン（シュヴァーベン）の貴族家門の出であり、「氏素性不明」（参照、サッルスティウス『カティリーナ』第二三節（邦訳六六頁））というのは、事実誤認か、ヴィドゥキントによる意図的な中傷である。

（102）原語の *nepos* は、この場合、「甥」ではなく広い意味での「親族」を意味する。アーダルベルトはバーベンベルク家の出で、姉妹のハトヴィヒはハインリヒの母と推定される。Hlawitschka, *Die Ahnen der hochmittelalterlichen deutschen Könige*, Teil 2, S.39-43.

（103）アーダルベルトの二人の兄弟のうちハインリヒは、九〇二年にコンラート家との戦いで斃れた。コンラート（〝大〟）の戦死は九〇六年二月二七日、アーダルベルトの処刑は同年九月九日。

（104）原語は *summus pontifex*。この尊称は、ローマ教皇が証書等で用いる自称であるが、ヴィドゥキントはマインツ、ケルン等の大司教を指称して用いる。

（105）マイン河畔の城塞テレスと推定される。

（106）以上の物語の真偽について解明することは困難であるが、リーウトプランド『報復の書』第二巻六章も同種の逸話を伝えている。

（107）【完結本】（C稿）は、以上の一節を次のように大幅に簡略化している。「当時マインツの司教座にはハットーが坐していた。彼は、その助言において鋭く、理解力に長け、独自の機知において多くの人々に勝っていた。自らが国王コンラートとフランク人の人民の気に入るところとなることを望んでいた。そして、いつものやり方で……」。

（108）【完結本】（C稿）は、この後に次の文章を挿入している。「伝えられるところによれば、このアーダルベルトは、かつて同じ司教によって誠実に受け入れられたが、その助言により欺かれたという。しかし、それについて、我々は不確かであり、断言することは出来ない。むしろ、創作された民衆たちの風聞と見るべきであろう」。

(109) ソルブ辺境の軍事指揮官ブルヒャルト(九〇八年歿)の息子たちと推定される。兄弟のいずれが国王と義兄弟なのかは不明。

(110) 参照、サッルスティウス『ユグルタ戦記』第九節。

(111) A稿のテキスト中では、それまでハットーの「奸計(*artes*)」について何ら言及されてはいなかった。巻末の「解説」二七〇頁を参照。

## 二三章　コンラートと弟エーベルハルト

そこで国王コンラートは、弟に軍隊を率いさせ、ザクセンを荒廃させるべく派遣した(九一五年)。エレスブルク[112]と呼ばれる城塞に近づいた時、彼は高慢にも豪語したという。ザクセン人が自分との戦いを避けてその姿を城壁の前に現そうとしないこと、これに勝る心配の種は他にはない、と。この言葉をまだ言い切らないうちに、[113]ザクセン人は、城塞の前を一マイルまで進み出て、彼と正面から対峙した。そしてザクセン人は、戦闘開始後に凄まじい殺戮によってフランク人を徹底的に懲らしめた。それは、放浪芸人《ミームス》たちが、かくも夥《おびただ》しい数の死者たちを収容出来る地獄は一体どこにあるのか、と思わず語った程であった。ともかく、国王の弟エーベルハルトは、ザクセン人の不参戦という心配の種からは解かれたのであった。彼は、ザクセン人の姿を眼前にすると、恥ずべきことに逃走を余儀なくされ、退却していったのである。

(112) ディーメル河畔のオーバーマルスベルク。
(113) 『ダニエル書』四・二八。

## 二四章　コンラートがハインリヒを包囲したこと

弟の不運な戦闘について聞くと、国王は、フランク人の全軍隊を召集し、ハインリヒの在処を探索すべく出陣した(九一五年)。かの者がグローネ(114)と呼ばれる城塞に立て籠もっていることを確認した国王は、それを攻略せんと試みた。すなわち、使者を送り、自発的な服従を要求する一方で、今後大公を敵と見なすのではなく、友人として対等に遇する意向であると約束したのである。この使者が滞在している時に、ティアトマル(115)という者が東方からやって来た。戦《いくさ》の経験豊かな(116)人物で、練達にして重きのある助言をなし、生来の狡知に長《た》けた点で多くの人々を凌いでいた。彼は、国王の使者がまだ列席している時に参上すると、自分の軍隊をいずこに配置させるべきか尋ねた。ハインリヒは、その時既にフランク人に服するよう説き伏せられていたのだが、軍隊〔の到着〕について聞くと俄《にわか》に自信を取り戻し、状況は実際にその通りであると思い込んだ。ところが、ティアトマルが言ったことは実は作り話であり、彼が一緒に連れて来たのは、僅かに五人の戦士にすぎなかったのだ。大公が軍団の数について問うと、ティアトマルは、約三〇の軍団を率いることが出来ると返答した。使者は期待を裏切られ、国王の元へと空しく引き返していった。大公ハインリヒ自らが剣で屈服させることの出来なかった相手に、ティアトマルは、その狡猾さによって勝利したのである。夜明け前、フランク人は陣地を去り、各々その故郷に帰還していった。

(114) ゲッティンゲン近郊。
(115) ボーデ川とザーレ川の間の北テューリングガウの伯(九三二年歿)。幼少期のハインリヒの教育係でもあった。
(116) 参照、カエサル『ガリア戦記』第一巻二一章(邦訳二〇頁)。

## 二五章　死の床での国王コンラートの言葉

その後、国王はバイエルンに軍を進め、アルヌルフ(117)と戦ったが、ある人々が報じるように、そこで傷を負い、故郷に帰還した(九一八年)。そして、彼は、自らが病身であり、かつ当初の幸運が去ってしまったことを悟った。弟が訪ねて来た時、呼び寄せ語った。「弟よ、わしは、この命をもはや長らえることは出来ないと感じている。神がそのように定め命じられたのであり、重い病がわしを苦しめている。それ故、お前は自ら十分に熟慮し、フランク人の王国全体のために汝がなすべき最善のことについて心を砕き、兄たるわしの助言に留意するのだ。弟よ、我々は、軍隊を召集し指揮することが出来る。我々は、城塞や武器、国王権標、国王たる地位(118)が必要とするものすべてを有している。ただし、我々には幸運と適性(119)が欠けているのだ。幸運は、弟よ、傑出した才能共々ハインリヒの手に移った。国家の決定権は、ザクセン人の下に在る。だから、これらの権標、すなわち聖槍(120)、腕の黄金の留め金、加えてマント、剣、古《いにしえ》の諸王の冠を手にしてハインリヒの下に赴くのだ。そして、彼を常に同盟者とすべく友誼を結ぶのだ。一体何故《なにゆえ》に、ハインリヒを前にして、フランク人の人民が汝と共に没落していかねばならぬのか？　彼こそは、真の国王にして、多数の諸民族に対する命令者なのだから」。

このように告げた後、弟は落涙しながら了解したと返答した。国王は、それから間もなく亡くなった。勇敢にして力強い男で、戦時にも平時にも傑出しており、気前良く穏やかで、あらゆる美徳の飾りを備えた人物であった。彼は、自身が有する都市ヴァイルブルクに埋葬された（一二月二三日(121)）、すべてのフランク人の嘆きと落涙に包まれつつ。

(117) バイエルン、ルーイトポルディング家の有力貴族（九三七年歿）。九一六年に国王に叛旗を翻したが、国王コンラートによりレーゲンスブルクで包囲され、ハンガリー（？）に逃亡した。コンラートは弟のエーベルハルトを代理としてレーゲンスブルクに残したものの、彼は翌一七年に帰還したアルヌルフの前に敗走し、アルヌルフはバイエルンの奪還に成功した。ヴィドゥキントが伝える国王のバイエルン遠征は、二度目となる九一八年の遠征を指していると考えられる。

(118) サッルスティウス『ユグルタ戦記』第三三、七二節。

(119) 参照、サッルスティウス『カティリーナ』第二節（邦訳三五頁）。

(120) 聖槍は、九二六年ないし三五年に、ハインリヒによってブルグント国王ルードルフ二世（在位九一二―三七年）から初めて獲得された。鋒先の中央部には縦に孔が穿たれ、そこにイエスの磔刑の際に手足を十字架に打ち付けたとされる釘が埋め込まれている。このため聖槍は、国王の最も重要な支配権標の一つであると同時に、極めて貴重な聖遺物でもあった。これに初めて言及したリーウトプランド（『報復の書』第四巻二五章）は、コンスタンティヌス大帝の槍と見なしていた。しかし、オットー一世周辺では、三世紀末頃に今日のスイスで殉教死したとされるテーバイ軍団の指揮官、聖マウリティウスの槍として妥当した。

(121) ラーン河畔のヴァイルブルクに埋葬されたのは、父のコンラート（〝大〟）で、国王はフルダ修道院に埋葬された。

## 二六章　エーベルハルトがハインリヒを国王に立てたこと

　そこで、エーベルハルトは、国王に命じられたようにハインリヒの下に赴き、服従してすべての宝物を引き渡し、和約を結んだ後、友誼を得た（九一九年五月）[122]。それを彼は、死の時まで誠実にして堅く守り抜いた。それから、フリッツラーと呼ばれる地にフランク人の軍隊の君公と有力者が集結すると、彼は、すべてのフランク人とザクセン人の人民の前で、ハインリヒを国王へと指名した。彼に対し大司教――当時はヘリガー[123]がその地位にあった――によって塗油と王冠が提供された時、彼は、それを無碍に斥けこそしなかったものの、しかしながら受け入れることはしなかった。「十分である」、彼は述べた。「余にとっては、並み居る有力者たちに先んじて、神の恩寵と汝らの恩愛のお陰で、国王と呼ばれ、指名されたことだけで。塗油と王冠は、余よりも相応しい者の手に帰することはあっても、余がかかる名誉に値する者であるとは思わない」。かくして、この言葉は、すべての会衆の意に叶うものとなり[124]、人々は、天に向かって右手を挙げ、祝福を祈願しつつ新国王の名を繰り返し大きな歓呼をもって叫んだのである。

(122) ハインリヒの国王選出の日付は、後年の証書の統治年次記載から逆算して、九一九年五月一二―二四日の間に求められている。
(123) ハットーの後継マインツ大司教（在位九一三―二七年）。
(124) 『使徒行伝』六・五。

## 二七章　国王になったハインリヒが混乱した王国を直ちにまとめたこと

かくしてハインリヒは国王になると、全軍を率いてアレマニエン大公ブルヒャルト(125)と戦うために出陣した（九一九年？）。この者は不屈の戦士であるものの、大変賢明であり、国王の攻撃に耐えられないと悟ると、彼の城塞と臣下すべてと共に服従した。

首尾良く事が運ぶと、(126)国王は、次に大公アルヌルフが統《す》べるバイエルンへと向かった（九二二年？）。この者がレーゲンスブルクと呼ばれる都市に立て籠もったとの報せを受け取り、国王は彼を包囲した。しかし、アルヌルフは、国王に抵抗するだけの力がないことを看て取り、市門を開き国王の下に進み出て、彼の分国すべてと共に服従した。彼は、名誉をもって国王によって受け入れられ、「国王の友人」と称せられた。

国王の権力は日毎に増大・強化され[127]、その力、声望と名声はますます高まっていった。そして、前任者たちの治世に内外の戦争によって至る所で分裂していた王国を統合し、平和にし、再び一つにまとめた後、彼は、ガリアとロータルの王国に向けて出陣した。

(125) アレマニエン（シュヴァーベン）大公ブルヒャルト二世（九二六年歿）。
(126) 参照、前述六章注一七。
(127) 参照、『サムエル記』上、二・二六。

## 二八章　ルートヴィヒとその息子たち

ロータルとは、カール大帝の息子の皇帝ルートヴィヒの息子で、弟たちにはシャルルとルートヴィヒがいた。シャルルは、アキテーヌとガスコーニュを与えられ、西方はヒスパニアの都市バルセロナ、北はブリトン海、南はアルプスの稜線、東はマース川と境を接していた。マース川とライン河の間の王国は、ロータルに帰した。ルートヴィヒの支配領域は、ライン河からイリュリアとパンノニア、オーデル川とデーン人の地方にまで及んだ[128]。良く知られているように、この分割に先立ち、フォントノワにおいて兄弟たちの間で戦いが繰り広げられた（八四一年六月二五日)。分割がおこなわれた後(八四三年八月)、それは損なわれることなく存続したが、[129]最終的にすべての王国は、相続法に基づきカールのものとなった。先に述べたロテールの曾祖父である。[130]

(128) ルートヴィヒ一世(〝敬虔〟、在位八一四―四〇年)の三人の息子、すなわちロータル一世(八一四―五五年)、ルートヴィヒ二世(〝ドイツ人〟、八一七―七六年)、シャルル二世(〝禿頭〟、八四〇―七七年)は、八四三年のヴェルダン条約によってフランク大帝国を三つの部分王国に分割した。皇帝位は長子ロータルが継承した。彼はその死に臨んで、イタリア王国から北海に至るまで南北に伸びる長大な中部フランク王国を、三人の息子に再分割した。このうち次男のロータル二世(八五五―六九年)が相続したジュラ山脈以北の「ロータルの王国」は、後にその名に因んで〝ロートリンゲン〟と呼ばれるようになった。直前の二七章末尾の「ロータルの王国」はこの意味で用いられており、正確を期すならば、ヴィドゥキントはロータル父子を混同していることになる。――なお、ヴィドゥキントはシャルルが八七五年に皇帝位を獲得したことには沈黙している。また、彼の支配の中心がイル＝ド＝フランスであったことにも言及していない。

(129) ロートリンゲンは、ロータル二世死去の翌八七〇年、メールセン条約によって南北方向に二分され、各々東西フランク王国に組み込まれた。さらに八八〇年のリブモン条約で、西半部も東フランクに編入され、全ロートリンゲンは、東フランクの領有するところとなった。

(130) カール三世は、八八五年に各部分王国を相続により一手に統合した。ただし、ヴィドゥキントは、前述一六章と同じく、ここでも彼を「ロテールの曾祖父」としており、同名の西フランク国王シャルル二世

（〝禿頭〟）と混同している。

## 二九章　カール、ウードと彼らの子孫たち

ある時、東フランク人のウードという名の勇敢で賢明な者が彼の下に到来した(131)。その助言によって、長らくカールの王国を襲撃していたデーン人に対して見事な戦いが遂行され、一日で敵の一〇万人が打ち倒されるという結果になった。この出来事を通じてウードは、その名が知れ渡り名誉を得ることとなった。そして「国王に次ぐ者」と呼ばれたが、カールの下に到来した時には、唯一人の従僕の世話に甘んじる身にすぎなかったのである。カールは、死の床でウードに対し、その恩顧を記憶に留め、彼に息子が生まれたならば慈悲深さを拒まぬよう命じた(132)。その時カールは、息子を有してはいなかったものの、王妃が赤子を身篭もっていたからである。実際、父の死後に息子が生まれた時、ウードはこの子に対し王国と父の名前を与えた〔＝シャルル三世〕。しかし、皇帝アルヌルフは、老カールをゲルマーニアから追放し、その死後全王国を自らのものとした。ウードは、皇帝に王冠と笏、さらにその他の国王の標しを引き渡し、彼の主人の王国を皇帝アルヌルフの恩顧により得た(133)。それ故、今日に至るまでこの王国

をめぐって、カロリング家とウードの子孫(134)との間で抗争が続いているのである。ロータルの王国をめぐるカロリング、東フランクの両王家の争いもまた同じ事情による。

(131) 二九章の叙述は、多分に伝説的な色合いを帯びている。ウードの父ロベール(〝豪胆〟、八六六年歿)は、東フランク王国のライン河中流地方出身の貴族で、シャルル二世によって重用された。八八二年にパリ伯になった息子ウードは、八八六年に対ノルマン人戦で勝利を収め、名声を博した。なお、本章でも、カール三世とシャルル二世の混同が続いている。

(132) スルピキウス・セウェルス『聖マルティヌス伝』二章(邦訳八九〇頁)。

(133) カール三世は、八八七年に甥のアルヌルフ(前述一六、一九章)により廃位され、その結果帝国は東西フランク、イタリア、(高地)ブルグント、プロヴァンス(低地ブルグント)の五つの部分王国に分裂した。西フランク王国では八八八年、ウードが国王位を得た(在位八八八―九八年)。その後、新国王が東フランク国王アルヌルフに王位の承認を求めたのは事実だが、それ以外は史料的に確認されない。西フランク国王シャルル三世(〝単純〟、在位八九三/九八―九二三年、九二九年歿)は、確かに父の死後に生まれたものの(八七九年)、彼は、シャルル二世の子のルイ二世(〝吃音〟)の子である。巻末のカロリング家系図を参照。シャルル三世は、ウードではなく、そのライヴァルのランス大司教によって育てられ、ウードから王位を奪取することを繰り返し試みた。

(134) ウードには子がなく、次章以下で登場するユーグは弟ロベールの息子である。

## 三〇章　ハインリヒがいかにしてロートリンゲン人の王国を獲得したか

このため、国王ハインリヒは、シャルルに向け出陣し、しばしばその軍隊を破ったのであるが（九二〇年）、勇敢な男には幸運も味方していた。[135] それというのも、ユーグ――その父ロベールはウードの息子で、[136] シャルルの軍隊によって殺害された（九二三年）――は、シャルルに使者を遣わした際、奸計を巡らしてこれを捕らえ、その死に至るまで国家の牢獄に監禁し[137]続けたからである（九二九年）。国王ハインリヒは、シャルルの事件を聞いた時、痛く悲しみ、かつ人間の幸運の移ろいやすさに驚きを禁じ得なかった。国王は、武器の扱いにおいて勇敢であったのみならず、敬虔さにおいてもまた傑出していたからである。そこで彼は、戦闘を控えることを決断し、むしろ策を巡らすことによってロートリンゲン人を打ち負かすことを期待した。それはこの民族が信頼するに値せず、奸計を弄することに慣れ、常に好戦的で、[138] かつ状況の変化に機を見るに敏な人々であったからである。[139]

当時ロートリンゲン人の中にクリスティアンという名の者がいた。この者は、国王がすべてにおいて幸運に恵まれているのを看て取ると、[140] どうすれば自らがその多大な恩顧をもって報われるかについて熟慮した。そこで彼は、この地方の支配権を父から譲り受けたギーゼルベルト[141]を、病気の口実の下に自らの元に呼び寄せ、奸計を巡らして捕らえると、護衛を付けて国王ハインリヒに引き渡したのである。ギーゼルベルトは、高貴な生まれで、古くから続く家門の出であった。国王は、大いに喜んで彼を迎え入れたが、それはロータルの王国すべてを獲得するには、この者を手立てにするしかないと確信したからである。その後国王は、この若者がとても有能で、出自・権力・富において傑出していることを認めると、さらに手厚く遇するようになった。そして、若者にロータルの王国を委ねた後、ゲルベルガという名の自身の娘と結婚させ[142]、血縁と友誼の双方を通じて結び付き[143]を深めたのである（九二八／九年）。

（135）リウィウス『ローマ建国史』第三四巻三七章四節。

（136）ロベールは、ウードの息子ではなく弟である。彼は、ウードの後継国王シャルル三世に不満を抱く貴族党派によって、九二二年に対立国王に擁立されたが、翌九二三年六月一五日にソワソン近郊でのシャルルとの戦いで戦死した。その後の八月にシャルルを捕縛したのは、ユーグの義兄弟のフェルマンドワ伯エリベール二世（後述三九章）である。ユーグ（〝大《ル＝グラン》〟、八九三年頃—九五六年歿）は、フランキア大公として権勢を奮い、その同名の息子は後にカペー朝を開くことになる（九八七年）。

（137）『使徒行伝』五・一八。――シャルルが獄死したのは、九二九年一〇月七日。

（138）参照、第二巻一五章注五二。

（139）各種の証書史料では、九一九—二八年の間に伯として確認される。
（140）参照、『第二マカベア記』八・八。サッルスティウス『カティリーナ』第二六節（邦訳七〇頁）。
（141）ギーゼルベルトは、ロートリンゲン地方の有力貴族、伯レギナール一世（九一五年歿）の息子。彼の捕縛を伝えているのはヴィドゥキントのみで、確たる裏付けはない。
（142）ハインリヒが西フランクからロートリンゲンを奪還したのは九二五年、ゲルベルガ（九六八年以降歿）との結婚は九二八／二九年頃で、それと連動してギーゼルベルトは、ロートリンゲン大公の地位を得たと推定される。Jens Schneider, *Auf der Suche nach dem verlorenen Reich. Lotharingien im 9. und 10. Jahrhundert*, (Publications du Centre Luxembourgeois de Documentation et d'Études Médiévales, 30), Köln-Weimar-Wien 2010, S.126ff.
（143）参照、サッルスティウス『ユグルタ戦記』第七節。

## 三一章　国王ハインリヒと王妃マティルデの息子たち、彼らの家系について

高名にして高貴で、比類なき賢明さを備えたマティルデという名の王妃[144]は、他にも国王のために子供たちを生んだ。最初の息子は世界の寵児たるオットー、次男は勇敢にして有能な父と同じ名を与えられたハインリヒ、三男はブルーノで、彼が大司教と偉大なる大公の地位を同時に帯びるのを、我々はかつて目の当たりにしたのである[145]。しかし、ブルーノは、このことの故

に非難されるべきであると考えてはならない。我々は、聖サムエル他の多くの人々が、祭司にしてかつ裁判官であったことを書物を通じて知っているからである。マティルデはまた、二人目の娘も生んだが、彼女は後に大公ユーグと結婚した。[146]

かの王妃は、ティアドリヒの娘で、父にはヴィドゥキント、インメート、レギンベルンの兄弟がいた。長らくの間ザクセンを荒廃させてきたデーン人と戦って勝利を収め、故郷を今日に至るまでその襲撃から解き放ったのは、レギンベルンである。[147] そして、この兄弟たちは、カール大帝を敵に回してほぼ三〇年もの間大規模な戦争を指導した、かの偉大なる大公ヴィドゥキントの家門の出であった。[148]

（144） 八九六年頃―九六八年。なお、ヴィドゥキントはここでは触れていないが、マティルデはハインリヒの二番目の妻であった。参照、第二巻九章注二九。

（145） 九二五―六五年。九五三年以降ケルン大司教兼ロートリンゲン大公。なお、「我々はかつて目の当たりにした（*vidimus*）」という過去形は、この一節がブルーノの死去（九六五年一〇月一一日）の後に記された可能性を示唆している。

（146） ハトヴィヒ（九五八年以降歿）。結婚は九三五―三七年頃。

（147） ティアドリヒは、ヴェストファーレン地方の伯（九二九年以降歿）。レギンベルンの対デーン人（＝ノルマン人）戦勝利とは、『フルダ編年誌』（前述一六章注八三）の「マインツ本」八八五年の項が伝える事件を指すと推定される。
(148) 王妃マティルデのみならず、著者ヴィドゥキント自身もその後裔である可能性については、巻末の「解説」二六三頁を参照。

## 三二章　ハンガリー人とその捕虜について、国王によって九年間の和平が保証されたこと

さて、国内の紛争が収まった時、ハンガリー人は、再び(149)全ザクセンを蹂躙《じゅうりん》した。彼らは、城塞と都市に火を放ち、至る所で殺戮を引き起こしたので、住民が完全に絶滅する危機が迫ってきた(九二六年)。国王は、ヴェルラ(150)と呼ばれる城塞に立て籠もった。それは、かくも獰猛《どうもう》な民族と戦《いくさ》を交えることに不慣れで経験を欠く自らの戦士たちに、まだ信頼を置いていなかったからである。この時期、彼らがいかに甚大な損害を与えたことか、あるいはいかに多数の修道院を焼き払ったことか――我々の不幸をあらためて言葉で繰り返すよりも、むしろ沈黙することを良しとしたい。

ところである時、ハンガリー人の君公の一人が捕らえられ、縄で縛られ国王の前に引き出さ

れるという事件が起きた。ハンガリー人は、この者を大いに重んじていたため、その身柄引き渡しの代償として、莫大な量の金銀を提供してきた。しかし、国王は金を突き返し、むしろ和平を強く要求した。そして、それは最終的に叶えられ、捕虜の解放とさらなる贈り物と引き替えに、九年間の和平が実現するに至ったのである。

(149) 参照、前述二〇章。
(150) オカー川河畔のブルクドルフ近郊に位置する大規模な王宮の所在地。

## 三三章 殉教者ディオニュシウスの手

ところで、ロートリンゲン人に対する支配権を拡大するため国王がライン河を渡った時、シャルルの使者が彼の下に到来し、至って謙虚な言い回しで挨拶をした（九二三年）(151)。「我らが主人」、彼は言上した。「シャルルは、かつて国王としての十全の権力を有しておりましたが、今やそれを奪われ、私めをあなた様の下に遣わしました。それは、敵によって欺かれた主人にとって、あなた様の偉大な躍進の栄光について聞き、あなた様の才能の盛名で自らを慰めること(152)、このこと以上に快く心地よいことは他に何もないということをお伝えするためです。主人は、その誠実と率直さの証しとして、この標しをあなた様に贈ります」。そう告げると、この者は、懐から黄金と宝石に包まれた殉教者ディオニュシウスの貴重な腕を取り出した。「これを」、彼は続けた。「あなた様は、永遠の同盟と相互の友愛の担保として保持すべきです。輝かしき殉教者ウィートゥスが立ち去って我らが没落し、ザクセンに到来して皆様に永遠の平和をもたらして後、(153)ガリアに住むフランク人の唯一の慰みとなったこの欠片《かけら》、それを主人は、あなた様に譲ることを切に望んでいるのです。ウィートゥスの亡骸が我らから失われて後、戦争は内外において収まることを知りませんでしたし、かの年には、デーン人とノルマン人が我らの地方に襲撃してきたのですから」。国王は、神のこの贈り物を最大の感謝の念をもって受け取ると、聖遺物の前で腰を屈めて口づけすることで、最高の崇敬の念を表したのである。

(151)　この出来事は、六月中旬（ソワソン近郊でのシャルルの敗北、前述三〇章注一三六）から八月（エリベールによるシャルル捕縛）の間に起きたと推定される。
(152)　参照、『第二マカベア記』八・七。
(153)　参照、後述三四章。

## 三四章　聖なる殉教者ウィートゥス(154)

さて、シャルルの使者が語っていた高名な殉教者は、属州リュキアの生まれで、高貴ではあるが異教徒の家門の出であった。ある時、父は、息子を属州の総督ヴァレリアヌスに引き合わせた。この者は、彼を強いて偶像に捧げる生け贄にする腹づもりであった。ところが、そうするうちにこの者の手は、衰弱してしまった。だが、それはウィートゥスの祈りによって再び治癒した。拷問吏の腕は硬直したが、殉教者の力で回復した。息子があらゆる類の拷問に耐える姿を目の当たりにした父は、再び家に連れ戻し、あらゆる楽しみで満たされた部屋に押し込めた。ところが、ヒラス――父はそのように呼ばれていた――は、そこである秘密を見たため盲目になってしまった。このため、彼は、偶像への信仰を棄てることを余儀なくされ、ようやくキリストに信仰告白をした。

しかし、息子ウィートゥスの力で再び眼が見えるようになった時、父はキリストを否み、今度は息子を殺害せんと企てた。年老いた教師のモデストゥスは、天使の勧告とお導きに従って少年を引き取り、船で海を渡ってセーレ川(155)に到達した。ここで二人は、樹木の下で休養し、祈りに耽ったが、この間に日々の食事を提供したのは鷹であった。自らの下に到来する人々に対して、少年は、キリストについての説教をし、一部の人々を改宗させ、また他の人々を洗礼へと導いたのである。

それから彼は、皇帝ディオクレティアヌス(156)に召還されてローマへと赴いた。そこでウィートゥスは、皇帝の息子を祈禱によって悪霊《デーモン》から救った。その後、神々に媚びへつらうよう強いられたが、しかし、皇帝のこの命に激しく抵抗した。そのため、野獣の群れの中に投げ込まれたが、傷を負うことはなかった。次に、火の燃えさかる竈《かまど》の中に投げ入れられたが、天使が炎を消し、無傷のままそこから出て来た。巨大な鉄鎖を背負わされて投獄されたものの、そこでは神と一群の天使たちの訪問を受けた。最後に、彼は、モデストゥスとクレスケンティア(157)という名の高貴な女性と共に、カタスタと呼ばれる拷問道具に吊された。だが、四肢のすべての関節が砕けたその時、彼は、キリストによる慰めに恵まれたのである。拷問吏は、天から落ちてきた雷に当たり、凄まじい雷鳴に恐れをなして逃げ出したからである。それから突如として彼は、かつて祈りを捧げたことのある地に自らがいることに気付いた――主の天使がそこへと連れ戻したのであった。彼らは、最後の祈りを捧げ、その魂を天に委ねた(158)。彼らの亡骸は、フロレンティアというある高貴な女性によって、マリアヌスと呼ばれる地に埋葬された(159)。

彼の最後の祈りの言葉を、私は殿下にお伝えしたく思います。それは、彼に対するあなた様の愛情を燃え上がらせんがためであり、また、その愛情の燃焼において彼の変わらぬことのない御加護が、あなた様に必ずや報いるであろうということを知っていただきたいが故です。「主イエス・キリストよ」、彼は言った。「生ける神の息子よ、私のために汝を讃え、私の殉教の受難を賞賛する人々に対して、その心の渇望を満たし給え。彼らを取り巻く障害から解き放ち給え。そして、彼らを汝の栄光へと導き給え」。この言葉に続けて、神は、彼が懇願したことすべてが実現するとの約束の保証を与え給うたのです。

それから長い月日が過ぎ去りました[160]。フルラードゥス[161]という名の者がローマに赴き、かの地で賞賛すべき殉教者の事績を読んでいた時、その墓の在処《ありか》を知るに至りました。彼は、そこを訪れて聖遺物を掘り出し、パリ地方に安置しました。皇帝ルートヴィヒの統治期に、それは同地からザクセンへと移葬されました[162]。シャルルの使者が打ち明けたように、爾来、フランク人の力は後退し、ザクセン人のそれは増大し始め[163]、その力はついには、自らの重みの故にザクセン人自身が耐えかねる程大きくなってしまったのです[164]。我々はこのことを、世界の寵児と全世界の頭《かしら》、すなわちあなた様の父君の姿に見ているのであって、その荘厳なる権力にとっては、ゲルマーニア、イタリア、ガリアのみならず、ヨーロッパのほぼ全体でさえなお十分ではないのです。それ故、かの聖人を崇敬なさいますように。その到来以来、ザクセンは奴僕の状態から自由となり、(165) 貢納者から多数の民族の主人となったのですから。(166) 最高の神のかかる友人は、確かにあなた様の恩顧を必要としてはおりませんが、しかし彼に対する奉仕者たる我々は、彼の恩寵を必要としているのです。あなた様が天国の命令者の御前で、彼を執り成し人としてもつために、我々は、現世の国王すなわちあなた様の父君と弟君の御前で、あなた様を庇護者としてもつことを望んでいるのです。

(154) 本章前半は、『聖ウィートゥス受難伝』（六／七世紀成立）の内容を大幅に圧縮して執筆されている。なお、ウィートゥスの生地は、同書によればシチーリアであるが、一部の写本では（今日のトルコに位置した）リュキアとされている。
(155) カンパーニャ地方を流れる川、サレルノ近郊でティラニア海に注ぐ。
(156) 在位二八四―三〇五年。キリスト教徒に対する最後の大迫害をおこなったことで知られる。
(157) モデストゥスの妻で、ウィートゥスのかつての乳母。
(158) 不詳であるが、受難伝の文脈からするとセーレ川河畔に位置していたことになる。フロレンティアも同じく不詳であるが、『聖ウィートゥス受難伝』の後代の改訂版では、「サレルノの君公の妃」とされている。
(159) 以下の皇女マティルデに向けた言明は、「献呈本」（A稿）の作成時に新たに補筆された箇所である。
(160) 以下の一節では、八六〇年代末にコルヴァイ修道院で成立した『聖ウィートゥス移葬記』が用いられている。

（161）サン＝ドニ修道院長（在位七五〇―八四年）。パリ郊外の同修道院への移葬は七五六年。

（162）皇帝ルートヴィヒ一世（〝敬虔〟）の統治下の八三六年の事件。巻末の「解説」二六六頁を参照。

（163）参照、『ヨハネの福音書』三・三〇。リウィウス『ローマ建国史』第一巻二章三節（邦訳一一頁）。サッルスティウス『カティリーナ』第五三節（邦訳一一八頁）。

（164）参照、リウィウス『ローマ建国史』序言第四節（邦訳四頁）。

（165）参照、『第一マカベア記』二・二一。

（166）参照、『哀歌』一・一。

## 三五章　国王ハインリヒがいかにして九年間の和平を活用したか

さて、国王ハインリヒは、ハンガリー人から九年間の和平を得た時、祖国の防衛と蛮族の鎮圧のために、大いなる賢明さをもって対策を講じた（九二六年）。その仔細を述べることは、我々の能力を超えるところであるが、何も語らぬことは許されまい。まず最初に彼は、農民戦士[167]の九人の中から一人を選び、城塞に住まわせた。その任務は、他の八人の仲間たちのために住居を建て、収穫全体の三分の一を受け取り保管することであった。残りの八人は、九人目のために種を蒔き、収穫し、収穫物を集め、それを彼らの場所で保管することになっていた。国王は、裁判、あらゆる集会、饗宴を城塞にて開催させた。その目的は、危急の際に敵に対して何をなすべきか、そのことを平時に学ぶためであった。そして、城塞の建造のために、人々は昼夜を問わず働いたのである。城塞の外には、僅かに粗末な壁があるか、あるいは何もない様であった。[168]

国王は、住民をこうした定めと規律に馴染ませている間に、[169]突如としてヘヴェル族と呼ばれるスラヴ人に攻撃を仕掛けた。[170]幾多の戦いで彼らを消耗させ、ついにある年（九二八／二九年）の厳冬に、凍てつく氷の上に陣地を築き、飢え、剣、寒さによってブランデンブルクと呼ばれる城塞を占拠した。この城塞の占拠によって周辺の全地方を支配下に置いた後、次にダレミンツィ族に向けて軍を進めた（九二九年四／五月）。彼らに対する戦闘で、父はかつて彼に指揮を委ねたことがあった。[171]国王は、ガーナと呼ばれる城塞を包囲し、[172]最後は二〇日目にそれを占拠した。この城塞で獲得した戦利品は、戦士たちに分け与えた。大人の男たちは全員殺され、少年と娘たちは、命は赦され捕虜として留め置いた。[173]

その後、全軍を率いてプラハ、すなわちベーメン人の城塞へと向かい、彼らの国王の降伏を受け入れた（九二九年夏）。[174]この国王については、様々な奇蹟譚が語られているが、それらは不確かであるので、ここでは沈黙に付することとする。それはともかく、彼はボレスラフの兄で、この者は生きている限り命令者に忠誠を守り、役に立つ者であり続けた。(175) かくして国王は、ベーメンに貢納義務を負わせ、ザクセンに帰還したのである。

(167) 原語は *agrarii milites*。ヴィドゥキントのみが伝えるこの戦士の性格については、国王直属の封臣・従士、国王によって召集された自由身分の農民、あるいは城塞外の平地に住む戦士、等々、研究者間に長年の議論がある。

(168) 「ハインリヒ一世の城塞建築令」は、九二六年一一月にヴォルムスで開催された王国会議の場で発せられたと推定されるが (Carl Erdmann, Die Burgenordnung (1943), in: ders., *Ottonische Studien*, S.131-173, hier S.148ff.)、その対象地域（ザクセンとテューリンゲンのみ、王国全土?）については争われている。

(169) 参照、カエサル『ガリア戦記』第四巻一章（邦訳一〇六頁）。

(170) ハーフェル川流域に居住していたスラヴ系民族で、本拠地はブランデンブルク。

(171) 前述一七章。

(172) マイセン北東、ヤーナ川の渓谷に位置した城塞。

(173) 参照、前述一一章注六一。

(174) プシュミスル家のベーメン大公（国王ではない）、聖ヴァーツラフ（ヴェンツェル、在位九二一―九二九／三五年?）。その後、弟の大公ボレスラフ一世（在位九二九／三五?―六七／七三年?）により殺害された。両名の母のドラゴミラは、前述へヴェル族の君公の娘。

(175) 「この者は生きている限り」の一節が、前段の「国王」（＝ヴァーツラフ）に係ると解する場合、「命令者」はハインリヒを指す。しかし、ボレスラフに係ると解する場合、「命令者」はオットー一世となる。あるいは、「この者（＝ボレスラフ）は（兄が）生きている限り命令者（＝ハインリヒ）に……」とする解釈も成立しうる（後述第二巻三章も参照）。議論のある箇所であるが、ヴァーツラフ＝ハインリヒという読みが有力である。Herbert Ludat, Böhmen und die Anfänge Ottos I., in: *Politik, Gesellschaft, Geschichtsschreibung. Giessener Festgabe für František Graus zum 60. Geburtstag*, Köln-Wien 1982, S.131-164, hier S.145.

## 三六章　レダーリ族がいかにして打ち負かされたか

さて、隣接する諸民族、すなわちオボトリート族、ヴィルツ族、ヘヴェル族、ダレミンツィ族、ベーメン人、レダーリ族が国王ハインリヒによって貢納義務を負わされ平和が到来したが、間もなくレダーリ族[176]が反乱を起こした（九二九年夏）。彼らは、大軍を集めてヴァルスレーベン[177]と呼ばれる城塞を攻撃し、それを占拠すると、数え切れない程多数の住民全員を捕まえ殺害した。すべての蛮族は、この出来事に鼓舞されて再び反乱の挙に打って出た。

その野蛮さを抑えるために、レダーリ族の地方を管轄していたベルンハルト[178]は、軍団長[179]として騎兵を含む一部隊と、同僚としてティアトマル[180]を託された。両者が命じられたのは、レンツェン[181]と呼ばれる城塞を包囲することであった。

包囲五日目、衛兵がやって来て報告をした（九月三日）。蛮族の軍隊は、そう遠くない所におり、彼らは、次の夜に陣地に攻撃を仕掛けることを決めた、と。他の複数の者がこの報せを確認すると、部隊はこの一致した報告の正しさを確信した。軍団長の幕屋に兵たちが集結した後、彼は同僚の進言を入れて、陣地に敵を侵入させぬため夜通し戦闘態勢を整えておくよう命じた[182]。大勢の兵たちが退出を許され戻ると、陣地では悲しみと歓びの間で[183]心が揺れることになった。ある者たちは、戦闘を恐れおののき、他の者たちは、逆にそれを待ち望んでいたからである。そして、各々の心境に応じて、戦士たちは希望と恐怖の間を揺れ動いたのである。この間に昼は過ぎ去り、夜になった。それは異常なまでに暗く、激しい雨を伴っていたが、これは蛮族の邪悪な計画を無に帰せしめるための、神の御意志のなせる業であった。

ザクセン人たちは、命じられたように夜を通して武装を保ち続けた。夜が明け始めると、合図があって聖餐が与えられた（九月四日）。各人は、目前に迫った戦闘で互いに助け合うことを、まず最初に指揮官たちに対して、次いで仲間同士の間で誓い合った。太陽が昇ると――というのは、雨の後に澄み渡った真っ青な空が戻ってきたのである――、彼らは、旗を高く掲げて陣地を出発した。軍団長は、最前列にあって蛮族に対する攻撃を開始した。しかし、多勢に無勢とあって為すところの無いまま部隊に戻ると、次のように告げた。蛮族が有する騎兵隊は、我らのそれに勝るものではないが、数え切れない程多数の歩兵を抱えている。ただし、彼らは、夜通し降り続いた雨のため歩行を妨げられており、彼らを戦闘に向けて力づくで前進させることは、騎兵にはほとんど出来ていない、と。

太陽が蛮族の濡れそぼった衣服の真上で輝いた時、それは湯気を天に至るまで立ち昇らせた。これを眼前にした神の民は、希望と確信を与えられ、その顔には栄光と晴れやかさが輝きを放っていた。(184) そこで合図が与えられると、軍団長は軍団を鼓舞した。そして、彼らは、大きな叫び声を挙げながら敵目がけて襲いかかった。しかし、あまりにも密集した群れのため、敵軍を突破する道を開くことが出来なかったので、右翼と左翼に剣をもって突き進み、仲間たちを分断する者たちは誰であれ死滅させた。(185) 戦闘はさらに凄惨になり、双方の側で死者が出た。しかし、蛮族はなお戦列を維持していたため、軍団長は、同僚〔＝ティアトマル〕に対し援軍を送るよう求めた。同僚は、一人の隊長に武装した五〇人の兵を付けて敵の左翼に向けて送り込み、戦列を崩すことに成功した。

その瞬間からこの一日を通じて敵にとって存在したのは、死か、さもなくば逃走のいずれかのみであった。その後、戦場の至る所で殺されたため、彼らが試みたのは、近隣の城塞に逃走することであった。しかし、同僚が道を塞いだので、近くの湖の中に転落してしまった。こうして、かの巨大な軍隊は、剣によって倒されるか、あるいは湖で溺れ死ぬことになった。歩兵の中で生き延びた者は皆無であり、騎兵もほぼ全滅したため、戦闘は、敵方全員が滅亡するという結果に終わったのである。この間、大きな歓喜の渦が、たった今勝ち取った勝利の故に広まっていた。全員が指揮官たちを賞賛し、各人は互いに褒め合った。こうした幸運の際には良くあることだが、人々は、臆病者さえをも褒めそやしたのである。(186)

翌日（九月五日）の朝、軍団が上述の城塞を目指して進軍すると、住民たちは武器を置き、ひたすら命乞いをした。それは叶えられ、彼らは、武装を解いて立ち去ることとされた。しかし、非自由人、すべての黄金、女子供、さらに蛮族の国王のすべての家財道具は、戦利品として獲得されることになった。この戦闘において我々の中で命を落としたのは、二人のリウタール(187)とその他数名の貴族のみであった。

それから、軍団長は、同僚や他の君公たちと共に、勝利者としてザクセンに戻ってきた。彼らは、国王によって栄誉をもって迎え入れられ、僅かな部隊にも拘わらず神の偉大なる御加護を得て、かくも見事な勝利を獲得したことを賞賛された。それというのも、蛮族のうち落命した者の数は、実に二〇万人に及ぶ、という見方もあったからである。捕虜となった者全員は、既に約束していたように、翌日首を刎ねられた(188)。

(176) メックレンブルク地方、シュトレーリッツ周辺の湖畔の神殿城塞〝レトラ〟を本拠地とし、異教の神リーデゴスト他を崇拝したスラヴ系民族。オットー朝の征服・伝道政策に対して最も強固に抵抗した。
(177) ヴェルベンとアルネブルクの中間のエルベ川近郊に位置する。
(178) かねてより議論されてきた出自については近年、同名のボルクホルスト伯（九三五年歿）と同一人物であり、ヘルマン・ビルング（第二巻四章）の親族であるとの推論が提起されている。Althoff, *Adels- und Königsfamilien im Spiegel ihrer Memorialüberlieferung*, S.426.
(179) 原語は *legatus*。ヴィドゥキントの語彙に「辺境伯（*marchio*）」は見出されないが、境界地域に伯職を有し、防衛を任務とする辺境伯と実質的には同等の地位と考えられる。
(180) 参照、前述二四章。
(181) ヴィッテンベルゲ北西、エルベ川右岸に位置する。
(182) 参照、『第一マカベア記』一二・一七―一九。
(183) ウェルギリウス『アエネーイス』第一歌二一八行（邦訳一七頁）。
(184) 参照、『ルカの福音書』一一・九。
(185) 参照、ウェルギリウス『農耕詩』第三歌四八〇行（邦訳一七〇頁）。
(186) 参照、サッルスティウス『ユグルタ戦記』第五三節。
(187) ヴァルベック伯リウタールと同名のシュターデ伯。なお、『年代記』の著者として知られるメールゼブルク司教ティートマル（巻末の「解説」二八七頁を参照）にとって、前者は父方の、後者は母方のそれそれ曾祖父にあたる（第一巻一〇章）。

(188) 先行する内容と明らかに矛盾する。ヴィドゥキントは、この一文を誤った箇所に配置してしまったようである。

## 三七章　国王の息子の結婚

勝ち取られたばかりの勝利の歓喜は、王家の結婚式によってさらに高められた。それはこの頃、見事なまでの豪華さをもって挙行された（九二九年）。国王は息子のオットーに、アングル人の国王エドマンドの娘で、アゼルスタンの妹を妻として与えたのである(189)。それから彼女は、リーウドルフという名の息子を生んだ。偉大な男で、当然のことながらすべての人々にとって愛すべき者であった。もう一人は、リーウトガルトという名の娘で、彼女は後にフランク人の大公コンラートと結婚した。

(189) エディット（九四六年歿）。正しくは、ウェセックス王家の前国王エドワード（〝長兄王〟、在位八九九―九二四年）の娘。現国王アゼルスタン（九二五―三九年）は義兄、エドマンド一世（九三九―四六年）は義弟。結婚式の日時は、九月後半と推定されている。Hlawitschka, *Die Ahnen der hochmittelalterlichen deutschen Könige*, Teil 2, S.83f.

## 三八章　国王の演説。彼がいかにしてハンガリー人との戦闘で勝利を収めたか

国王は、騎兵戦に熟練した戦士たちを今やようやくもつに至ったので、旧敵のハンガリー人とあらためて戦争をする覚悟を決めた（九三二年）。彼は、すべての人民を招集し、次の演説をおこなった。「かつてまったく混乱していた汝たちの王国が、いかなる危機から今や解き放たれたのか、それは汝たち自身の良く知るところであろう。汝たちは繰り返し、国内の争いや外敵による危機の下で苦悶しなければならなかったのだから。しかし、今や汝たちが見るように、我々への神の御加護、我々の尽力、汝たちの勇敢さによって、王国は再び平和を取り戻し、蛮族は打ち負かされ服従した。そして今、我々が為さねばならぬこと、それは共通の敵アヴァール人に一丸となって立ち向かうことである。今日という日に至るまで、余は、汝たち、汝たちの息子・娘たちから財貨を奪い取り、彼らの宝物庫を満たしてきた。余はこれからは、教会と聖職者からも奪い取らねばなるまい。我々にはもはや一文の金もなく、命だけが辛うじて残されているにすぎないからだ。だから、皆で互いに協議し、我々がこの機に何をしなければならないのか、それを決定せよ。さて、余は、礼拝のために聖別された宝を取り、それ

を身代金として神の敵に与えるべきであろうか？　あるいはむしろ、我々が神によって救済されるべく、余は、この金によって礼拝の栄誉を高めるべきではないのか？　このお方は、まことに我々の創造者にしてかつ救世主でもあられるのだから」。

そこで、人民は天に向かって声を挙げ叫んだ。自らの望みは、生ける真の神によって救済されることであり、神は、おのが諸々の道のすべてにおいて誠実にして義《ただ》しく、おのが御業《みわざ》のすべてにおいて神聖でおわしますから(190)、と。そして、彼らは、国王に対して野蛮な民族に進んで立ち向かうことを約束し、この契約を天に向けて挙げた右手をもって確認した。人民とこの契約を結んだ後、国王は、大勢の人々が退出することを許した。

それから後、ハンガリー人の使者がいつもの贈り物を求めて国王の下に到来した。しかし、彼に拒絶され、手ぶらでその国へと帰っていった。アヴァール人はこのことを聞くと、直ちに強大な軍隊を率いて、敵意をもってザクセンに侵攻すべく急いだ（九三三年）。彼らは、ダレミンツィを通る際、かつての友人たちに援護を要請した(191)。しかし、かの者たちは、彼らがザクセンを目指して急行しており、ザクセン人は彼らと戦う用意があることを知っていた。それ故、かの者たちは、彼らに贈り物として一頭の肥え太った犬を前に投げてやった。戦いに向かうべく急いでいるアヴァール人は、この侮辱に報復するだけの暇《いとま》を持ち合わせてはいなかったので、友人たちによってまさに嘲笑の呼び声をもって、後ろから長らくの間追われる羽目になったのである。

次に、彼らは、可能な限り急いでテューリンゲン人の地に攻撃を仕掛け、全地方を駆け抜け荒廃させた。この地で彼らは、二手に分かれた。一つは西方に向かい、ザクセンに西と南から侵攻すべく試みた。ところが、ザクセン人は、テューリンゲン人と合流して一つに集結し戦闘を開始した。両者は、軍隊の指揮官を殺害し、西方隊の生き残りをその全地方に渡り遁走させた。ある者たちは飢えに苦しみ、別の者たちは寒さに凍え、さらに他の者たちは打ち倒されて死ぬか、さもなくば捕らえられて、彼らに相応しい惨めな最後を迎えたのである。

東方に残った軍隊は、国王の姉妹が近郊の城塞に住み、そこで莫大な金銀を有しているとの話しを聞きつけた。彼女は、愛妾が生んだ娘で、テューリンゲン人のヴィドーと結婚していた[192]。そこで彼らは、この城塞を猛烈に攻め立て始めたので、もし夜の暗闇が戦士たちの眼を遮ることがなかったならば、それを奪取していたはずである（三月一四日）。しかし、彼らがこの夜に得たのは、仲間たちの敗北と、国王が強大な軍隊を率いて彼らに向かって進軍中であるとの報せであった。実際のところ、国王は、〝リアーデ〟[193]と呼ばれる地の近くに陣地を築いていたのである。彼らは、恐怖心に襲われて陣地を後にし、分散していた各部隊を、炎と濛々《もうもう》たる煙を使った独自の方法で一つに集結させた。

翌日（三月一五日）、国王は、陣地から出て軍隊を率いる際に、次のことを強く肝に銘じさせた[194]。神の御慈悲に希望を託し、これまでの戦いと同じく、我々には神の御加護が味方していることを決して疑ってはならぬ。ハンガリー人は、あらゆる者の共通の敵なのであって、我々は、故郷と両親の防衛についてのみ心を砕くべきである。もし、彼らが男らしく戦場に姿を現すならば、我々は、それから間もなく敵が背を向けて遁走する様を見ることになるであろう、と。この見事な言葉によって、戦士たちは大いに鼓舞された。戦士たちは、指揮官（＝ハインリヒ[195]）が最前列、中央、あるいは最後尾に立つ姿を見ることが出来たし、その前には天使[196]の姿も見えたので、彼らは、自信と大いなる毅然さを得ることが出来た。最も重要な旗は、天使の名と像で飾られていたのである。

国王は、武装した騎兵隊を見た敵は直ちに逃走するであろうと推察したが、それは的中した。彼は、テューリンゲン人の一軍団に僅かの騎兵のみを付け戦場へと送り込んだ。軽武装の者たちの後を追う敵を、軍隊の主力の前に誘き出すためである。事は実際にその通りに運んだ。ところが、敵は、武装した戦士たちの姿を見た途端に逃げ出してしまい、八マイルの間で殺されるか捕らえられるかした者の数は、ごく僅かであった。ただし、陣地は占拠され、捕らわれていた者全員が解放された。

(190)『詩篇』一四五・一七。

(191) 参照、前述一七、二〇章。

(192) ハインリヒの姉妹とその夫のヴィドーについて言及したのは、ヴィドゥキントのみである。参照、Glocker, *Die Verwandten der Ottonen*, S.267f.

(193) 同じく論証されてはいないが、王宮アルシュテットの南西に位置し、ヘルメ川がウンストルート川に合流する河口手前にあるカルプリート（Riade = Ried）が有力視されている。

(194) 以下、参照、『第二マカベア記』一五・七―一一、一七以下：「一方、マカベアは、主から助けを得ることを絶えず確信し、望みを新たにしていた。そして、自分の仲間には、これまでに彼らのために天から加えられた援助を想い起こして、異邦人の侵入に恐れることなく、今度も全能者から彼らに勝利の与えられることを期待せよ、と励ました。さらに、律法と預言の書を読んで彼らを鼓舞し、既に耐え抜いてきた戦を想い起こさせて、その心を熱誠をもって満たした。……兵士たちは、ユダの真に麗しい言葉に励まされた。……」。

(195) 参照、サッルスティウス『ユグルタ戦記』第四五節。

(196) 大天使ミカエル。参照、『第二マカベア記』一五・二一―二四。

## 三九章　彼がいかにして勝利者として凱旋したか。彼の性格について

国王は勝利者として帰還すると、敵に対する勝利をお許しになった神に向けての感謝の念を、それに相応しいあらゆる方法を尽くして神の栄誉のために捧げた。これまで敵に支払ってきた貢納を礼拝のために捧げ、それを貧者のための贈り物とした。それに続いて、彼は、軍隊によって「祖国の父、強大な支配者にして皇帝」[197]の歓呼を受け、その権力と勇敢さの名声は、あらゆる民族と国王たちの間でさらに広まった。

それ以降、他の王国の君公たちまでもが到来し、国王を賞賛した。その御前で恩顧に与ることを望み、かつかくも偉大なる人物の誠実さを確かめんとしたからである。彼らの中には、エリベール[198]、すなわちユーグの義兄弟がいた（九三一年一〇月）。あらゆる人道や天理に反して[199]国王の地位に就いたラウル[200]は、エリベールを武力で屈服させようとしたため、その主人から保護してもらうようハインリヒに懇願するためであった。国王は、友人の求めを拒絶することは出来なかった。そこで、彼はガリアに赴き、国王としてもう一人の国王と会見をし、問題を処理するとザクセンへと帰還した（九三五年六月初頭）。

ハインリヒは、彼の民族を高めることを欲していたので、全ザクセンの名だたる者たちの中で、素晴らしい贈り物、官職、あるいは何らかの封[201]によって彼が引き立てることのなかった者はほとんどいないか、もしくは皆無であった。彼は、大いなる賢明さと智恵において傑出しており、加えて強靱な肉体をもち、それは、国王としての威厳にあらゆる飾りを与えるものであった。戦闘訓練では、かかる卓越さの故に他を打ち負かし、すべての者を恐怖に陥れる程であった。狩猟では疲れを知ることなく、一度の騎行でしとめる数は、四〇頭かそれ以上にも上った。宴会の席では大いに楽しげであったが、しかし、そのことで国王の威厳を減じることはなかった。彼は、戦士たちに対し、好意と畏怖の双方の感情を同時に吹き込んだので、冗談口をきく時でさえも、度を外して勝手な振る舞いに及ぶ者は、誰一人としていなかったのである。

(197) ただし、ハインリヒは、以下の叙述において引き続き「国王」の称号で呼ばれている。巻末の「解説」二八二頁を参照。
(198) フェルマンドワ伯エリベール二世（九四三年歿）。その妻アデーラは、フランキア大公ユーグ（大《ル=グラン》）の姉妹。参照、前述三〇章注一三六。
(199) サッルスティウス『カティリーナ』第一五節（邦訳五二頁）。
(200) ロベール（前述三〇章注一三六）の娘婿のブルゴーニュ大公。義父の戦死後に新国王に擁立された

（在位九二三―三六年）。

(201) 参照、第二巻六章注二三。

## 四〇章　彼がいかにしてデーン人に勝利したか

さて、彼は、隣接するすべての民族を服従させた後、軍隊をもってデーン人に攻撃を仕掛けた（九三四年）。彼らは、海賊行為によってフリース人を悩ませていたのであった。彼らに勝利を収めると、貢納義務を課し、その国王クヌーバ(202)に洗礼を受け入れるよう迫った。こうして周辺のすべての民族を征服すると、最後に、彼はローマに赴くことを決意した。しかし、病のため旅は中止となった(203)。

(202) ユトランド半島南端部の交易地へゼビュー（ハイタブ）を拠点としたオーラヴ家の小王。

(203) ローマ行については、他の同時代史料による裏付けを欠く。事実であったと想定した場合、その目的としては、（皇帝戴冠のための）軍事遠征、巡礼の他、シュヴァーベン大公（九二六年）、バイエルン大公（九三三／三四年、参照、第二巻八章注二七）による、イタリア国王位獲得を目指した独自の政策への牽制など、諸説が提起されている。

# 四一章　彼がいかにして病のため亡くなり、どこに埋葬されたか

そして、この病が悪化していくことを悟った彼は、すべての人民を招集して、息子オットーを国王に指名し[204]、他の息子たちには土地を宝物と併せて分与した（九三六年）。ただし、最高至善[205]なるオットーについては、他の兄弟たちとフランク人の王国全体の頭《かしら》に据えた。正当な手続きで遺言をしたため、すべての問題を適切に処理した後、彼は亡くなった――強大な支配者にして、ヨーロッパのすべての国王の中で最も偉大なる者、精神と肉体のあらゆる優秀さにおいて、誰にもひけをとらぬ者[206]が（七月二日）。そして、彼は、自らを凌ぐ偉大な一人の息子、そして父祖から相続したのではなく自ら勝ち取り、ただひたすら神のみによって授けられた広大な支配領域を、後へと遺したのであった。彼が国王であった期間は一六年を数え[207]、その生涯はおよそ六〇年に及んだ。亡骸は、息子たちの手でクヴェトリーンブルクと呼ばれる都市に移され、聖ペテロ教会の祭壇の前に埋葬された[208]、多くの民族の悲嘆の声と落涙に包まれつつ[209]。

(204)　参照、『第二マカベア記』九・二五。
(205)　参照、前述九章注三五。

(206) 参照、ウェルギリウス『アエネーイス』第一一歌四四一行（邦訳五二六頁）。サッルスティウス『カティリーナ』第五三節（邦訳一一七頁）。「精神と肉体」は、サッルスティウスが頻用する語彙。
(207) 参照、『列王記』上、二・一一、一四・二〇。――九一九年五月から九三六年七月二日までの統治は、正確には一七年と約二か月を数える。
(208) 死去の二か月後、寡婦マティルデは、クヴェトリーンブルクの城山に立っていた旧教会に代わりセルヴァティウス女子律院を新たに建立し、棺は聖ペテロの祭壇前に埋葬された。
(209) 参照、『第一マカベア記』二・七〇。

第一巻が終わる

# 第二巻

皇女マティルデ殿下への第二巻の序文が始まる

私が既に着手した、あるいはむしろ今一度始めんとする――それと申しますのも、大半は既に書き終えておりますので――この大作、それが、あなた様の恩顧に御支持を見出しますよう望んでおります。父君の権力は、実にアフリカそしてアジアにまでも及んでいますが、あなた様は、全ヨーロッパの支配者として正当にも認められた方なのですから。私が所望致しますのは、作品中の相応しからぬ箇所が、あなた様の慈悲に満ちた賞賛すべき御温情によって和らげられることであり、またこの書物の献呈が、着手した時と変わらぬ恭順の意をもってなされることなのです。(1)

序文が終わる

(1)「完結本」(C稿)では「執筆された」に改訂された。

## 第二巻が始まる

### 一章　王宮アーヘンでの王国会議、新国王の選出と塗油

かくして祖国の父、諸王の中で最も偉大にして最良の国王ハインリヒが亡くなった後、すべてのフランク人とザクセン人の人民は、かねてより父によって指名されていた息子のオットーを君主へと選出した(2)（九三六年）。そして、全体選挙の場として、アーヘンの王宮が提案され、そのように定められた。それは、建設者ユリウス・カエサルに因んでユーリヒと名付けられた、かの地の近くに位置する(3)。

そこに人々が到来すると、大公と有力な伯、およびその他の卓越した戦士たちの一団は、カール大帝の聖堂に繋がる柱廊広場に集結した(4)。彼らは、新たな指導者をそこに据えられた玉座に推戴すると、両手を差し伸べ忠誠を誓い、その敵すべてに対抗して彼を支援することを約束し、慣習に従って彼を国王とした。

大公や他の有力者がこれらのことをおこなっている間に、大司教(5)は、あらゆる聖職者およびすべての人民と共に、聖堂内部で新国王の登場を待ち受けていた。彼がその姿を現すと、大司

教は迎えに出た。白い祭服《アルバ》で身を包んだ上を頸垂帯《ストラ》と上祭服で飾った大司教は、左手で国王の右手に触れる一方、右手には杖を携え、そこから聖域の中央まで歩み出て立ち止まった。彼は、聖堂の地上階と二階の周廊にあってぐるりを取り囲む人民の方に向き直ると――このためその姿を、すべての人民が見ることが出来た――、「見よ」、彼は述べた。「私が汝たちの前に導くのは、神によって選ばれ、かねてより強大な支配者ハインリヒによって指名されていた、しかし今やすべての君公によって国王とされたオットーである。もし、汝たちがこの選出を相応しいと思うならば、右手を天に向け挙げることで、その意を示すのだ」。これに呼応して、すべての人民は、右手を高く掲げ、新たな指導者の幸運を大きな歓呼をもって言祝《ことほ》いだ。それから大司教は、フランク人風にぴったりと身体《からだ》に合った(6)衣服を纏った国王と共に、祭壇の後ろへと歩み寄った。そこには国王権標が置かれていた。剣と剣帯、マントと留め金、杖と笏、冠がそれである。

　当時の大司教はヒルデベルトで、出自はフランク人、身分は修道士であった。フルダ修道院で教えを授かり成長し、同修道院の院長に任命され、さらにその後マインツの大司教という高みにまで到達したが、このお方は、かかる名誉に浴するに値する人物であった。驚嘆すべき敬虔さをもった人で、天性の精神の賢明さはもとより、書物による学問の故に大変高名であった。

様々な天賦の才能と並んで、予言の霊感も与えられていたと言われている。

ところでこの時、国王の聖別をめぐって司教たち、すなわちトリーアとケルンとの間で争いが生じた。かの者は、その司教座はより古く、使徒の聖ペテロによって創建された由であると主張する一方、この者は、この地が自らの〔大〕司教区に属する、というのである。(7) つまり、双方とも、聖別の栄誉は自らに帰するという見解であった。しかしながら、二人のいずれとも、ヒルデベルトのあまねく認められた仁慈を前にしては、明らかに見劣りしていた。

さて、このお方は、それから祭壇に進み、そこから剣と剣帯を取り上げると、国王の方に向き直った。「手に取るのだ」、彼は述べた。「この剣を。それによって汝は、キリストのあらゆる敵、すなわち蛮族や悪しきキリスト教徒を成敗するのだ。(8) 神の権威によって、汝にはフランク人の王国全体のすべての権力が、全キリスト教徒の動じることなき平和のために委ねられたのだから」。次に、留め金を取り、マントを纏わせた。「この裾によって」、彼は続けた。「汝は、床まで垂れ下がったこの裾によって想い起こすように。いかなる情熱をもって、汝が、信心において篤く、死の時に至るまで平和の確保のために尽力すべきかを」。さらに、笏と杖を取って、「この標しによって」、彼は語った。「汝は要請されているのだ。父の如き規律をもって服する者たちを導き、なかんずく神への奉仕者、すなわち寡婦と孤児に憐れみの手を差し伸べんことを。加えて、今、そして将来において永遠の報酬をもって冠で飾られる汝の頭が、決して御慈悲の油を欠くものであってはならないことを」。

国王は、まさにその箇所に聖香油をもって塗油され、黄金の冠をヒルデベルトとヴィクフリートの両司教の手で被せられた。そして、規則に適った聖別がすべて完了した後、両司教に導かれて螺旋《らせん》階段を通って昇り、玉座に就いた。[9] それは、見事なまでに美しい大理石の二本の柱の間に位置しており、そこから彼が列席者全員を見渡し、逆に皆が彼の姿を見ることも出来る、そのように配置されていた。

（2）参照、『第一マカベア記』九・三〇。

（3）ユーリヒがカエサルによって建設されたという主張は、歴史的事実に反するが、ヴィドゥキントは、オットーの王権をローマ皇帝権の伝統に接合させることを企図していた可能性がある。Beumann, *Widukind von Korvei*, S.59 Anm.6.

（4）正確な日付は不明だが、新国王が発給した証書から八月七日の日曜日と推定されている。ヴィドゥキントの極めて詳細な戴冠式の叙述は、「西フランク国王戴冠祭式書」（九〇〇年頃成立）や「マインツ国王戴冠祭式書」（九六〇年頃成立）と一部類似点が認められるが、両者間の影響関係は論証されていない。他方、この描写は、オットー一世の第二次イタリア遠征に先立ち、九六一年五月二六日にアーヘンで共同国王として戴冠された幼少のオットー二世の戴冠式の模様を、式に参列したヴィドゥキントが四半世紀を遡る過去に投影した結果であるという見解も提起されている。Hagen Keller, Widukinds Bericht über die Aachener Wahl und Krönung Ottos I. (1995), in: ders., *Ottonische Königsherrschaft*, S.91-130, S.237-275.

（5） マインツ大司教ヒルデベルト（在位九二七―三七年）。

（6） 参照、第一巻九章および注五〇。

（7） トリーアに初めてキリスト教が浸透したのは四世紀であるが、伝説によれば、聖ペテロによって派遣されたエウカリウスが、この地で仲間たちと共に初めて伝道したとされる。九三六年当時のトリーア大司教はルオトベルト（在位九三一―五六年）。なお、彼は、かつての研究では王妃マティルデの兄弟とされていたが、今日では否定され、ロートリンゲン大公ギーゼルベルトの属するレギナール家の縁戚と推定されている。Glocker, *Die Verwandten der Ottonen*, S.353. ――ケルン大司教はヴィクフリート（在位九二四―五三年）。アーヘンは、ケルン大司教管区に属するリュッティヒ（リエージュ）司教区内に位置する。

（8） 参照、『第二マカベア記』一五・一六。

（9） 二階席に位置するカール大帝の大理石製の玉座。最初に就いた柱廊広場の玉座とは別である。

## 二章　国王への奉仕と彼の君公たち

それから神への讃歌を歌い、厳かにミサを挙行した後、国王は王宮へと下り降りた。国王たるに相応しい豪華さで装飾された大理石製のテーブルに臨み、司教たちやすべての人民と共に席に着いた。給仕をおこなったのは、大公たちであった。かの地はロートリンゲン人の大公ギーゼルベルトの支配領域に属しており、彼は全体を統括した。エーベルハルトは食事を、フランク人のヘルマン[10]は献酌を各々掌《つかさど》り、アルヌルフは騎兵の管理および陣地の選定と設置を担った[11]。ただし、傑出したザクセン人で、国王に次ぐ者のジークフリート——かつて国王の義兄弟で、その後も彼とは血縁関係で結ばれていた[12]——は、この時ザクセンを管轄していた。それは、敵がこの間に攻撃を仕掛けるのを防ぐためであったが、若きハインリヒを教育係として身近に預かってもいたのである。国王はその後、国王たる者に相応しい気前良さに従い、各々の君公に対し然るべき贈り物をもって栄誉を授け、歓喜に満ちた多くの人々に別れを告げた。

（10）シュヴァーベン大公（在位九二六—四九年）。国王コンラート・エーベルハルト兄弟の従兄弟。巻末のコンラート家系図を参照。

（11）各々が担った役割は、後に制度化される四つの宮内職、納戸役《ケメラー》、内膳役《トルフゼス》、献酌役《ムントシェンク》、厩役《マルシャル》に対応する。

（12）参照、スエトニウス『ローマ皇帝伝』第六巻「ネロ」三五章（邦訳一七四頁）。——王家との血縁関係については、後述九章を参照。メールゼブルク伯のジークフリートは、不在の国王の代理として暫時ザクセンを管轄していた。

三章　ボレスラフとの戦い

この間に蛮族(13)が新たに反乱を起こしていた。また、ボレスラフは兄を殺害した(14)。兄は、キリスト教徒で、伝えられるところによれば、神への奉仕に大変熱心な人物だったという。ボレスラフはまた、近隣にいる一人の小王(15)を恐れ、この者がザクセン人の命に服したため戦いを布告した（九三六年九月）。小王は、救援を請う使者をザクセンに遣わした。そこで、彼のために、メールゼブルク人の軍団とハッセガウ人の強力な部隊を率いるアシークが送り込まれた(16)。さらに加えて、テューリンゲン人から動員された軍隊も与えられた。

ところで、かの軍団の成員は、本来は盗賊たちであった。国王ハインリヒは、よそ者に対してはひどく厳しい姿勢で臨んだが、同胞に対してはいかなる場合でも慈悲深かった。それ故、盗人《ぬすっと》や盗賊ではあるが、勇敢にして戦《いくさ》に適している者を見つけると、いつもその者に対し然るべき処罰を免除し、メールゼブルクの郊外に移り住まわせ、耕地と武器を与えた(17)。そして、同胞に手を出すことを止め、むしろ勇気の許す限り、蛮族に対して強奪をおこなうよう命じたのであった。こうして集められた大勢の者たちが、ついには戦役のための十全な軍団を構成するに至ったのである。

　さて、ボレスラフは、ザクセン人の軍隊が動員されたこと、さらにザクセン人とテューリンゲン人が、それぞれ別個に自らに向かってくることを聞いたので、自らもまた仲間たちを分割し、賢明にも双方の軍隊に向け進軍するよう命じた。ところが、テューリンゲン人は、不意を喰らう形で敵と遭遇した時、逃走することでこの危険を回避せんとした。これに対し、アシークは、ザクセン人および他の援軍と共に、躊躇《ためら》うことなく敵に向かって突撃した。その大半を武器でなぎ倒し、生き残りを逃走へと追いやると、勝利者として陣地に戻って来た。その時彼は、テューリンゲン人を追走中の軍隊については何も知らなかったため、勝利を成し遂げたことに思わず歓喜してしまった。我々の軍隊は散開しており、ある者たちは屍体から武具を引き剥がすのに夢中で、別の者たちは自らの身体《からだ》を休めており、さらに他の者たちは馬のための餌を調達しに出かけていた。

　ボレスラフはこの様を見ると、逃走を余儀なくされたか、あるいは無事に帰還した軍隊を一つに集結させた。そして、事の次第を何も知らず、つい先程の勝利の故に油断している者たちに向かって突如として襲いかかり、指揮官と我々の全軍を壊滅させたのである。そこから彼は、さらに小王の城塞へと進軍し、一撃で攻略した。この城塞は、今日に至るまで廃墟と化したままである。この戦争は結果的に、国王の統治一四年目まで続くこととなった(18)。それ以降、彼は、国王に対して忠誠を守り、服従し役に立つ者であり続けた。

（13）ヴィドゥキントの語法において、「蛮族」は「異教徒」を含意する。ここでは、キリスト教徒のベーメン人（後出）ではなく、異教徒のスラヴ人、具体的にはレダーリ族（第一巻三六章）を指している。Lübke, *Regesten*, Nr.49, S.71f.

（14）殺害された兄はヴァーツラフ。参照、第一巻三五章注一七四。

（15）「小王（*subregulus*）」の名前と支配領域は不明である。ザーレ川とエルベ川の間かエルベ以東のスラヴ系諸侯、恐らくはオーバーラウジッツ地方のミルツェン族と推される。Ludat, Böhmen und die Anfänge Ottos I.(第一巻三五章注一七五), S.138ff.

（16）ハッセガウ（ホーホゼーガウ）は、ウンストルート川とザーレ川の間の地方で、そこにはメールゼブルクも含まれる。アシークはメールゼブルク伯家の生まれで、ジークフリート（前述二章）の親族と推定される。

（17）この異例の措置は、九二六―三二年の間に講じられた対ハンガリー人防衛策（第一巻三五章）と関連するのかもしれない。

（18）九五〇年。参照、第三巻八章。

# 四章　蛮族に対する国王の遠征

ところで、国王は、以上の出来事[19]についての報せを聞いた時、決して狼狽することはなかった。むしろ、神の御力によって強められ、蛮族の残忍な所業を阻止すべく、全軍を率いて彼らの地方へと進攻した。蛮族は、かつて国王の父によって打ち負かされたことがあったが、それは、息子のタンクマルの使者を彼らが傷つけたからであった[20]。この者については、後の章で詳述することとする。

そこで、新国王は、新たに軍事長官を置くことを決意した。この任務のために選んだのは、ヘルマン[21]という名の高貴な生まれで、精力的にして大変賢明な男であった。しかし、この栄誉によって、彼は、その他の君公のみならず、兄ヴィヒマンの嫉妬心をも掻き立てることになったのである。この者はそれ故、病気を口実に軍隊から離脱してしまった。ヴィヒマンは、力強く勇敢にして、野心的で戦《いくさ》慣れしており、加えて大変利口で、家来たちがその人間離れした知識を賞賛した程であった。

ヘルマンは、軍隊の先頭に立って敵の地方へと進軍した際、交戦の末に敵を果敢に打ち負かした。しかし、そのことで、競争相手たちの間にさらに大きな嫉妬心を掻き立てることになった。そうした者たちの一人に、リーウドルフの息子のエッカルトがいた。[22]ヘルマンの幸運をひどく腹立たしく思った彼は、もっと偉大なことを決行するか、さもなくば死ぬことを誓ったのである。そして、全軍から最も勇敢な男たちを選ぶと、国王の制止を無視して、この仲間たちと共に、敵の城塞と国王の陣地の間に横たわる沼地を横断した。しかし、そこで直ちに敵と遭遇して包囲されたうえに、最後は仲間たち全員と共に殺害されてしまった。共に斃れたのは、全軍から選り抜かれた一八人の男たちであった。

国王は、敵勢の多数を打ち倒し、残りの者に貢納の義務を課すと、その後ザクセンへと引き上げた。この事件が起きたのは、九月の二五日のことであった。

(19) 三章の(キリスト教徒の)ベーメン大公との戦いではなく、同章冒頭の「この間に蛮族が新たに反乱を起こしていた」を指す。次行の「蛮族」も同じく(異教徒の)レダーリ族を指す。

(20) 九三四年に国王ハインリヒが勝利したウクラー族との戦いを指すものと思われる。Lübke, *Regesten*, Nr.40, 42, S.59f., S.61f.

(21) ヘルマン・ビルング(九七三年歿)。かつて〝軍団長〟ベルンハルト(第一巻三六章および注一七八)に託されていたエルベ川下流域の境界地域の防衛を「軍事長官(*princeps militiae*)」として委ねられた。家系が王妃マティルデと同様ヴィドゥキントに遡ることについては、Althoff, *Adels- und Königsfamilien im*

*Spiegel ihrer Memorialüberlieferung*, S.64ff. を参照。

（22） リーウドルフ・エッカルト父子の出自についてはこれまで不明であったが、近年前者はハインリヒ一世の兄（第一巻二一章）と同一人物である可能性が提起されている。Glocker, *Die Verwandten der Ottonen*, S.269f. 巻末のオットー家系図を参照。

## 五章　ハンガリー人について

その後、旧敵のハンガリー人が、新国王の勇敢さを試すために襲来した（九三七年初頭）。彼らは、フランケンに侵入し、さらに可能ならば西方からザクセンを攻略することと決した。しかし、国王は、この報せを受けると躊躇せずに強大な軍隊を率いて出撃し、彼らを追い散らし、領土から駆逐した。

## 六章　国内の戦い

さて、こうして外敵との戦争が収まると、今度は国内で戦争が始まった。すなわち、ザクセン人は、彼らの国王の支配権の故に誇り高くなり、他の民族に仕えるのを潔《いさぎよ》しとしなくなった。そして、彼らの封を、[23] 国王以外の誰か他の者の好意によって有することを、恥と考えるようになったのである。そのことで、エーベルハルトは、ブルーニングなる者に立腹した。そして、部隊を集めると、ヘルメルン[24]と呼ばれるブルーニングの城塞の住民全員を殺害し、火を放ったのである。この暴挙の報を聞いた国王は、エーベルハルトに対し罰として百ポンド相当の価値の馬を差し出すよう命じた。その悪行に加担した軍事指揮官全員には、我々がマクデブルクと呼ぶ国王の都市まで犬を担ぐべし、との恥辱刑を科した（九月）。

（23） 原語は *quaestura*。「封（*beneficium*）」と同義と考えるのが通例で、第一巻三九章にも見える。エーベルハルトは、ザクセン地方のヘッセンガウの伯の地位も併せもっており、これに関連する確執と考えられる。ただし、何らかの官職名と見なす解釈も提起されている。Thomas Zotz, Amicitia und Discordia. Zu einer Neuerscheinung über das Verhältnis von Königtum und Adel in frühottonischer Zeit, in: *Francia* 16-1, 1989, S.169-175, hier S.173-175.

（24） エッゲ山地の東の山腹に位置する城塞。ブルーニングについては、ヴィドゥキント以外の情報は皆無である。

## 七章　殉教者インノケンティウスの聖遺物

国王が殉教者インノケンティウスの聖遺物[25]を上述の都市に移葬したのは、この頃のことである[26]。ところで、国王は、平和破壊者たちをそれに相応しい懲罰で打ち据えたが、その大いに慈悲深い性格の故に、その後即座に彼らを恩愛をもって再び受け入れ、各人に国王としての贈り物を授け、平和裏に退出することを許した。

ところが、この者たちは、まったく恥ずべきことに、彼らの大公の側に与し続けた。それは、大公が快活な性格で、下位の者に対しても好意的に振る舞い、気前良く贈り物を授けたからであった。このため、彼は、数多くのザクセン人を、自らの仲間として獲得することになったのである。

(25) テーバイ軍団を率いた聖マウリティウス（第一巻二五章注一二〇）配下の部隊指揮官。

(26) ブルグント国王ルードルフ二世（第一巻二五章注一二〇）によって、マクデブルクの聖マウリティウス修道院の創建（九三七年九月二一日）に際し寄贈された。ただし、ヴィドゥキントは、この創建の事実について完全に沈黙している。巻末の「解説」二七九頁を参照。

## 八章　バイエルン人の大公アルヌルフ

この頃、バイエルン人の大公アルヌルフが死去した（七月一四日）。ところが、彼の息子たちは、国王の命に服してその従士に加わることを高慢にも拒絶した(27)。

(27)　アルヌルフには、エーベルハルト（九三八年以降歿）、アルヌルフ（九五四年歿）、ヘルマン（九五三／四年歿）、ルートヴィヒ（九七四年以降歿）の息子たちがいた。アルヌルフは九三三―三四年、長男エーベルハルトのためのイタリア国王位獲得を目指したイタリア遠征をおこなったが、これは失敗に終わった。アルヌルフは死の二年前の九三五年、エーベルハルトを後継大公とすることを定めていた。

## 九章　ジークフリートと国王の息子タンクマル

同じ頃、伯ジークフリートも死去した（七月一〇日）。タンクマルは、その軍団長の地位(28)を自らのものとして主張する挙に出たが、それというのも、彼は、ジークフリートと血縁関係で結ばれていたからである。すなわち、国王ハインリヒとの間にタンクマルを生んだ彼の母は、ジークフリートの伯母の娘であった[29]。ところが、国王は、この地位を伯ゲーロ[30]に授けることを決した。このため、タンクマルはひどく激怒した。国王は、その後バイエルンへと向かい（九三八年）、そこで問題を適切に処理した後[31]、再びザクセンに帰還した。

（28）原語は *legatio*。参照、第一巻三六章注一七九。

（29）ハテブルク。巻末のメールゼブルク伯家系図を参照。メールゼブルクに所領を有した貴族エルヴィンとジークフリートの母方の伯母の間に生まれたが、最初の夫に先立たれ、ハインリヒとの再婚時（九〇六／八年頃）は修道女であった。しかし、その後ハインリヒは、彼女と離縁し、マティルデと再婚した（九〇九年）。前述二章でジークフリートについて、「かつて国王の義兄弟で」と記されているのは、ユッタとの結婚以前にハインリヒの姉妹と結婚していた可能性を示唆している。「その後も彼とは血縁関係で結ばれていた」は、従姉妹ハテブルクとハインリヒの結婚を指示している。Hlawitschka, *Die Ahnen der hochmittelalterlichen deutschen Könige*, Teil 2, S.65f., S.67f.

（30）ジークフリートの弟で、シュヴァーベンガウと北テューリングガウの伯（九六五年歿）。父は、北テューリングガウの伯ティアトマル（第一巻二四、三六章）と推定される。ゲーロの辺境伯類似の管轄権は、ザーレ川からエルベ川中流域を経てオーデル川に至るスラヴ人定住地域に及んだ。

（31）実際には、前大公アルヌルフの息子たちの反乱を鎮圧するために、国王は九三八年の春と秋の二度に亘るバイエルン遠征を余儀なくされた。参照、後述一〇章注三三。

## 一〇章　国内の争いと法をめぐる見解の相違

この間エーベルハルトとブルーニングの間の争いは、拡大の一途を辿っていた。公然たる殺人がなされ、国土は荒廃させられる一方、放火・略奪は止むことを知らなかった。法をめぐる見解の相違に関してもまた、争いが生じていた。ある者たちは主張した。息子たちの息子たち〔＝孫〕は、もし祖父の存命中に彼らの父が死んだ場合、息子たちとして数えられるべきではなく、それ故、息子たち〔＝叔父〕と共に遺産の相続の分け前に与ることは認められない、と。このため、国王は、全人民の会議を王宮シュティーレで開催するとの布告を出した[32]（五月）。

そこでは、紛争を仲裁者による検証に委ねることが定められた。しかし、より良い助言に従った国王は、高貴な生まれの者たちや人民の長老たちが、不名誉な扱いを受けることを良しとせず、問題を決闘士によって決することを命じた。その結果、息子たちの息子たちを息子たちとして数える党派が勝利を収め、彼らには、永遠の契約に則して、叔父たちと共に遺産を正当に分割することが保証された。

この場ではまた、それまで国王の権力に逆らって行動したことを否認し、自らの仲間たちへの不当な行いに報復したにすぎないと主張する者たちが、平和破壊者と宣告された。この者たちが承服していないことを、この時国王は看て取っていたが——なぜならば、命令に服して裁判の場に出頭することを、彼らは潔《いさぎよ》しとはしなかったからである——、武器を用いることは先に延ばし、むしろ赦しを与えたのであった。国王にとって常に変わることなく肝要なのは、御慈悲の念であったからである。(33) しかし、この時に猶予したことは、結果的にさらに大きな禍へと多くの者を引き込むこととなった。加えて、反抗的な者たちによって、多くの悪行がなされた(34)——殺人、偽誓、略奪と放火。この当時、人は正義と不正、誠実と偽誓の見境をほとんど失っていたのであった。

(32) 参照、『ルカの福音書』一二・一。——シュティーレはルール地方、エッセンの近郊に位置する。

(33) 実際には、エーベルハルトは多くのザクセン人を味方に付けていた（前述七章）。また、春のバイエルン遠征は見るべき成果がなく、反乱が鎮圧され、バイエルン大公エーベルハルトが追放刑に処されたのは、同年秋のことである。その後、アルヌルフの弟ベルトルトが新大公に任命された（在位九三八—四七年、参照、後述三四章）。

(34) サッルスティウス『カティリーナ』第五一節（邦訳一〇五頁）。

# 一一章　タンクマル、エーベルハルト、ハインリヒ、内戦の始まり

この間、タンクマルがエーベルハルトと結託するという事態が起きていた。両者は、力強い軍隊を集結させ、若きハインリヒがいるベレッケ(35)と呼ばれる城塞を包囲した。エーベルハルトは、この城塞を仲間たちの略奪するに任せると、その後軍隊を引き上げ、ハインリヒをまるでありふれた従僕であるかの如くに連れ去った。なお、そこではゲープハルト、すなわち大公へルマンの兄のウドーの息子が殺害され、その死の故に、フランク人の指導者たちは二つの党派に分裂することとなったのだが(36)、これは神の御意志によるものであった。

タンクマルの戦士たちは、大量の戦利品で豊かになると、もはやそれが何であれ、進んでおこなう用意が出来ていた。彼はその後、エレスブルクと呼ばれる城塞を攻略し、力強い大軍を集めてそこに居座ったうえ、次いでそこを拠点として数多くの略奪行に及んだのであった。他方、エーベルハルトは、ハインリヒを身近に確保していた。この頃また、デーディ(37)も、エーベルハルトの戦士たちのいるラール(38)と呼ばれる城塞の門の前で殺害された（七月七日？）。ところが、ヴィヒマンは、最初に国王から離反したが、反乱者たちの忌まわしき悪行を聞くに及ん

で態度を変え、国王と和平を結んだ。それは、彼が大変賢明だったからであり、その後死の時に至るまで、役に立ち忠誠を尽くす者であり続けた。

ところで、タンクマルは国王ハインリヒの息子で、高貴な母から生まれた。彼は、常に戦いの準備が出来ており、鋭い理解力を有し戦《いくさ》慣れしていた(39)。ただ、戦闘の間に名誉や礼儀に気遣うことは稀であった。母は、豊かな所領を有していた。父からは他の幾多の所領を与えられていたにも拘わらず、母の遺領を喪失したことで大いに侮辱されたと思い込み(40)、このため、主人たる国王に向けて武器を取ったのであった。しかし、それは、自身と家来たちにとって破滅となる所業であった。

さて、国王の側は、事態がかかる大事へと進展していく様を見て、タンクマルの不遜を鎮めるために、不本意ながらも多数の従者と共にエレスブルクの前に軍を進めた。この城塞に住まう者たちは、国王が強大な軍隊を率いて自らの方に向かって近づいて来るのを見ると、門を開き城塞を包囲していた軍を中へと入れた。しかし、タンクマルは、教会に向かって逃走した。それは、かつて教皇レオによって、使徒の聖ペテロのために聖別された教会であった(41)。軍隊は、彼を聖堂まで追い続けたが、特にハインリヒの直臣は、主君に加えられた恥辱を嘆き、かつそれに報復するために執拗に追跡したのであった。

彼らは、躊躇《ためら》うことなく扉を鉄で打ち壊し、武器を手にして神聖なる場所へと押し入った。これに対し、タンクマルは、祭壇の横に立ち、黄金の首飾りと共に武器をその上へと置いた。それにも拘わらず、彼は、飛び道具によって正面から攻め立てられた。コッボーの庶子のティアトボルトという者は、罵倒しながら傷を与えたが、しかし即座に彼から同じ傷の返報を受け、その結果恐るべき半狂乱の状態に陥って程なくして絶命した。そこで、戦士たちの中のマインキアという者は、祭壇の横の窓の外に回ると、窓を槍で貫き、そのままタンクマルの背を一気に突き通した。さらに、祭壇の前に出て、そこで最後の止めを刺したのである（七月二八日）。なお、後に彼は、〔国王の〕兄弟間の争いの火種を作り、恥ずべきことにこの時に祭壇から盗んだ黄金と共に、憐れにもビルテンの戦いで自らの命を喪うことになった(42)。

国王は現場におらず、この出来事について何も知らなかったが、事の次第を聞くと、自らの戦士たちの分別の無さを非とした。ただ、少なくとも内戦が荒れ狂っている間は、彼らの気持ちを変えることは出来なかった。彼は、兄の不幸な運命を嘆き、慈悲深い気持ちを態度で示しつつ、タンクマルの才能と勤勉さについて手短に語った(43)。もっとも、タンクマルに加担したティアドリヒとその伯母の三人の息子たちについては、フランク人の法によって裁き、絞殺刑(44)に処した。

そこから国王は、かの城塞の戦利品で富んだ好戦的な戦士たちを、ラールへと向けた。だが、そこでは城主の命令によって兵が激しい抵抗を示し、投石には投石で、飛び道具には飛び道具で応酬することを止めなかった。しかし、戦闘に疲れると、彼らは、大公〔＝エーベルハルト〕と相談するために、暫時の休戦を要求してきた。休戦は認められたが、大公は彼らに援軍を拒絶した。そのため、彼らは、城塞から退去し、国王の権力の下に服することとした。この時の戦いでは、これまでも既に幾多の戦功を挙げてきた献酌役のタンマ(45)が、その名を馳せた。一方、エーベルハルトは、タンクマルの死と自らの戦士たちの離反を聞くと意気消沈し、捕虜〔＝ハインリヒ〕の足下にひれ伏して赦しを請うた。与えられた赦しとは、恥ずべき内容のものであった。

(35) ヴェストファーレン地方、アルンスベルク北東のメーネ河畔に位置する。
(36) ウドー・ヘルマン兄弟とエーベルハルトは、従兄弟の関係にある。巻末のコンラート家系図を参照。
(37) 不詳の人物ではあるものの、ヴィドゥキントは特に説明を付しておらず、オットーの有力な側近の一人であったと思われる。ヴェッティーン家の伯との推定もあるが、論証されてはいない。
(38) 比定については議論があり、メシェーデ近郊、ヘルフォード近郊、カッセル北西が候補として挙げられている。
(39) 参照、サッルスティウス『ユグルタ戦記』第七節。

(40) この一節からは、国王ハインリヒが離婚後も引き続き、前妻ハテブルク（前述九章注二九）の所領を保持していたことが明らかとなる。

(41) 同教会はザクセン戦役さなかの七八五年、カール大帝によって創建された。教皇レオ三世（在位七九五―八一六年）が七九九年にエレスブルクで発給したとされる教皇証書は、確かに聖別に言及しているものの、これは後代の偽作である。聖別者としてレオの名を挙げた史料は、ヴィドゥキント以外には存在しない。

(42) 後述一七章。

(43) 参照、ウェルギリウス『アエネーイス』第四歌三三七行（邦訳一六四頁）。

(44) 不詳ではあるが、法手続からするとフランク人と考えられる。

(45) 参照、前述二章注一一。

## 一二章　国王の弟ハインリヒ

ハインリヒは、この当時はまだとても若く(46)、血気に逸《はや》っていた。そして、度を超した権力欲に駆られて、エーベルハルトに対しその罪業を赦した。その際に結ばれた契約とは、ハインリヒとエーベルハルトが、主人にして兄たる国王に対して謀議を盟約し、もし可能ならば王国の冠をハインリヒの頭に被せる、というものであった。かくして、両者の間に同盟が結ばれた。

ハインリヒは解放されると、その後国王の下に戻った。彼を受け入れた国王の心からの誠実さと愛情は、彼がもたらしたそれを凌ぐものであった。

（46）九一九―二二年の間の生まれで、当時は一六―一八歳。

## 一三章　エーベルハルトがいかにして赦しを得たか

エーベルハルトもまた国王の下に赴いた（八月）。それを忠告したのは、大司教ヒルデベルトの後継者のフリードリヒ（47）で、優秀にして、あらゆる勤行《ごんぎょう》に特に長《た》けた人物であった。エーベルハルトは、自らと所領すべてを国王の意志に委ね、赦しを哀願した。その忌まわしき悪行を罰せずに済ますことはもとより出来ず、国王によってヒルデスハイムの城塞へと配流された。しかし、それから程なくして、慈悲深きことに再び恩顧を与えられ、かつての地位へと復された。

（47）マインツ大司教（在位九三七―五四年）。

## 一四章　再びハンガリー人について。いかにして彼らが多大な損失の故に退却したか

これらの出来事が国内で起きている間、我々の旧敵たるハンガリー人は、不意にザクセンへと侵攻した（八月）。彼らは、ボーデ川の岸辺に陣地を築き、そこから周辺の全地方へと散開した。その指揮官の一人は、軍隊の一部と共に陣地から出立し、その日の夜にシュテーターブルク[48]と呼ばれる城塞に到着した。ところが、城塞の人々は、敵が行軍と激しい雨によって動きが鈍くなっているのを看て取った。人々は、大胆にも門を開いて打って出ると、叫び声で怯えさせ、それから突如として敵目がけて襲いかかったのである。その大半を殺害し、残りを逃走させたのみならず、戦利品として多数の馬と旗を獲得した。ハンガリー人の行く手にあった各城塞では、彼らの逃走に気付くと、人々はいずこでも武器をもって攻め立てた。彼らの大半は打ち倒された。指揮官自身は、ぬかるみの穴に追いつめられ、そのため窒息死させられた。

北に向かった別の軍隊は、あるスラヴ人の計略にはまって、ドレームリンク[49]と呼ばれる地に誘い出された。歩きにくい地帯を進んでいったところで、武装した軍隊に包囲され、全滅させられるという結果になった。この事件は、他の者たちを凄まじい恐怖へと陥れることとなった。

軍隊の指揮官は、僅かの者たちと共に逃れたものの、結局囚われの身となり、国王の御前に引き出されて大金を支払うことで自由の身とされた。この報せを聞くと、敵の陣地全体は大混乱に陥り、その救いを逃走に求めた。以後三〇年もの間、[50]彼らは、二度と再びザクセンの地に姿を現すことはなかった。

（48）ヴォルフェンビュッテル近郊、ボーデ川から直線距離で約百キロに位置する城塞。
（49）ヘルムシュテット北方、アラー川とオーレ川の間の森林地帯に位置する。
（50）ハンガリー人の侵攻は九三八年の事件であり、「三〇年」という数字は、この一節が九六七／六八年に記されたことを示唆している。

## 一五章　ハインリヒがいかにして権力欲に駆られたか

その後、権力欲に駆られたハインリヒは、ザールフェルト[51]と呼ばれる地で盛大に宴会を催した（九三九年初頭）。国王の権威と権力のお陰で強大になった彼は、大勢の者たちに多くの贈り物を与え、そうすることで大半の者たちを自らの仲間へと引き込んだのである。ただし、多くの者たちは、計画を秘密に留めておくのが得策であるとの考えであった。それは、兄弟間の争いに自身が関与していることを露見させまいとするためであった。もっとも、彼らは、より容易に戦闘を開始するための助言を与えた。ハインリヒは、ザクセンを守備隊に委ねて出立し、戦《いくさ》を厭う質《たち》のロートリンゲン人の地へと向かうべきである、と。実際のところ、国王は、最初の攻撃で彼らに勝利を収め、僅か一度の戦いで全滅させることになったのである。(52)(53)

ハインリヒは、上述の如く仲間たちの助言に従ってザクセンを去った。ザクセンおよびテューリンゲン人の地の諸々の城塞を守備隊に委ねると、自身は友人たちと共に、ロートリンゲン人の地へと向かった。この報せは、至る所ですべての人々を驚愕させた。それというのも、国王から突如として離反し、予期せぬ戦いを開始する、その理由がまったく不明であったからである。国王もまた、この報せを聞いた時、最初はそれを信じはしなかった。最終的にそれが事実であると判明すると、彼は、躊躇《ためら》うことなく軍隊を率いて弟の跡を追った。そして、弟の堅固な守備隊がいるドルトムントと呼ばれる城塞に到着した。この時城内にいた戦士たちは、タンクマルの運命を想い起こさずにはいられなかった。彼らは、国王を城内で待ち受ける気力を喪失し、むしろ城から外に出て国王に服従したのである。

かの城塞をハインリヒの手に堅持する任務を負っていたのは、アギーナであった。この者は国王に対し重大な誓約によって約束させられた。それは、彼の主人を可能な限り戦争から引き離し平和と協調へと復させるか、さもなくば、少なくとも自らが国王の下に戻るとの約束であった。退出を許されると、彼は主人を捜し求めて出て行った。軍隊は、国王に率いられてライン河の河岸へと到達した。

(51) フランケンとテューリンゲンの境界のザーレ河畔に位置する国王城塞の所在地。

(52) 参照、スエトニウス『ローマ皇帝伝』第一巻「カエサル」三五章（邦訳四四頁）。――後述二三章にも、ロートリンゲン人の戦闘能力に関するネガティヴな評価が見えるが、第一巻三〇章には「好戦的」とある。「好戦的」ではあるが「正面切っての戦《いくさ》は下手」という意味であろうか。

(53) ヴィドゥキントは、ビルテンの戦い（後述一七章）の結末を先取りして述べている。

## 一六章　ロートリンゲン人の大公ギーゼルベルト

まだエーベルハルトと国王の間で戦闘が続いていた頃（九三八年）、国王の納戸役(54)を掌《つかさど》っていたハダルトは、協調と平和を回復するためにギーゼルベルトの下に遣わされた。この者は、いずれの側に与する気なのか、いまだに公言していなかったからである。使者への応対は不相応なものであり、返答は来る日も来る日も先延ばしにされた。しかし、ハダルトは、大公の敵愾心《てきがいしん》を察知すると、もはやそのような狡猾さに我慢することが出来なかった。「国王の命令を」、彼は述べた。「人民の面前であなた様にお伝え致します[55]。それは、定められた期日に国王の裁判所に出頭せよ、とのものでございます。さもなくば、あなた様は、敵であるとの宣告を必ずや知ることになりましょう」。同じようなやり方で、大公は、その後で国王から遣わされた司教ベルンハルト[56]を、不相応かつ確たる返答なしに送り返した[57]。なお、ギーゼルベルトには、国王の文書の印璽をしばしば捏造したという噂があった。ところが、この言を聞いた後、彼は、使者の扱いを幾分か良くし始め、相応しい名誉をもって帰路に就かせたという。

(54) 参照、前述二章注一一。
(55) 「完結本」(C稿)では、「国王の命令によって、私は人民の面前であなた様に通告します」と改訂された。
(56) ハルバーシュタット司教(在位九二四—六八年)。なお、「同じようなやり方で……噂があった」の文章は、本来はこの箇所にはなく後に挿入されたと考えられる。
(57) 参照、リウィウス『ローマ建国史』第三七巻五四章九節。

## 一七章　ビルテンの戦い

さて、ハインリヒとギーゼルベルトは、戦《いくさ》支度を整えると、国王をライン河で迎え撃つことを決した（九三九年三月後半）。アギーナは、先の誓約を想起して、軍隊に先んじてライン河を越え、国王の御前に姿を現した。そして恭しい言葉で挨拶を送り、言上した。「あなた様の弟にして私めの主人は、あなた様が無病息災のうちに[58]広大な支配領域を治められますことを望んでおります。そして、主人が申すには、あなた様に伺候するために、出来る限り急ぎ参上する所存であるとのことです」。

　国王は、平和と戦争のいずれになるのか、その考えを尋ねたが、その時ふと遠くを一瞥した。彼がそこに見たのは、大軍が旗を高く掲げてゆっくりと行軍していく光景であった。その目指す先には、既にライン河を向こう岸へと渡った彼の軍隊の一団がいた。国王は、アギーナの方に向き直ると、「一体何を」と問い質した。「この大軍は何をしようとしているのだ？　彼らは何者なのだ？」。この者は、落ち着き払って「私めの主人です」と返答した。「あなた様の弟です。もし、私めの助言に従うことを良しとしたならば、別の仕方で到来したはずです。ともかくも私めは、かつて誓約した通りに今ここに参上致しました」。

　この言葉を聞いた国王は、心の痛みを身体《からだ》の動きで露わにした。ライン河の渡河を可能とする船が、一隻もなかったのである。別の場所で渡河することも、流れの激しさの故に出来なかった。急襲という予期せぬ事態に遭遇した向こう岸の人々が、この時思案出来たのは、敵を前にして膝を屈するか、さもなくば自らの命を武器で守るか、そのいずれかのみであった。そこで、国王は、神に嘆願すべく両手を広げて語った。「神よ」、彼は述べた。「万物の創造主にして指導者よ、御覧下さい、この人々があなた様の民であることを。[59] 私は、あなた様の思し召しによってその頂きにおります。彼らが敵から救われますように。そして、すべての民族が知ることを祈ります、いかなる人間も、あなた様の思し召しに反して何かをなすことは出来ない、ということを。あなた様は全能にして、永久《とこしえ》に生き、統《す》べるお方なのですから[60]」。

向こう岸にいる人々は、荷と荷馬すべてをクサンテンと呼ばれる地に既に移送してしまっていた。[61] しかし、彼ら自身は、戦闘準備をして敵勢を待ち構えた。我々の側と敵方の間には、貯水池があった。そこで、ザクセン人は軍隊を二分し、一方は敵勢に向かって突進し、他方は背後から襲うことで挟み撃ちにして、兵の数は劣るものの激しく攻め立てることにした。伝わるところによれば、我々の側がもっていた重装騎兵は、百名を超えるものではなかったが、敵勢はかなり巨大な軍隊であったという。しかし、彼らは、前方と後方から同時に攻め立てられたので、いずれの側をまず防御すべきか判断出来なかった。また、我々の中には、ガリア語を[62] 少し話すことの出来る者たちがいた。そして、この者たちは、ガリア語で大きな叫び声を挙げ、敵方に向けて逃げるよう警告したのである。彼らは、叫んでいるのは仲間たちであると思い込み、呼びかけられた通りに逃走する結果となった。

この日、我々の側では多数が傷ついたものの、殺害されたのは数名のみであった。その中の一人、「賢者」と渾名されたアイルベルトは、大公ハインリヒの投げ槍を受け、数日後に死んだ。この間、敵方は全員殺害されるか捕らえられ、あるいは少なくとも逃走へと追いやられ、すべての荷と敵方のあまねき装備は、勝利者たちの間で分かたれた。ロートリンゲン人の側ではこの戦闘で、「黒」と渾名されたゴットフリートが奮戦したという。しかし、先に述べたマインキアもまた、この日命を落としている(63)。

(58)　参照、スエトニウス『ローマ皇帝伝』第六巻「ネロ」三四章（邦訳一七一頁）。
(59)　『出エジプト記』三三・一三。
(60)　参照、『詩篇』一〇・一六他。――なお、リーウトプランド『報復の書』第四巻二四章は、オットーが聖槍（第一巻二五章）に向けてこの祈りを捧げたと伝えている。
(61)　ビルテンは、クサンテンの南東約三キロに位置する。
(62)　参照、後述三六章注一一八。
(63)　ゴットフリートはユーリヒガウの伯と推定されている。マインキアについては、前述一一章を参照。リーウトプランド『報復の書』第四巻二四章は、ハインリヒもこの戦いで腕に深傷を負ったことを伝え、後年の死（第三巻四四章）の原因とする説を紹介している。

## 一八章　ダーディがいかなる計略によってハインリヒの戦士を国王側に寝返らせたか

ところで、テューリンゲン人のダーディ(64)は、大公ハインリヒの側に与した東方の城主たちに対し、国王の勝利と併せて、大公自身は戦死したと伝えた。この計略によってこの者は、全員を国王の権力に服させることに成功したのである。なお、後にハインリヒは、このことを罰せずにおくことはなかった(65)。ともあれ、彼に残された城塞は全部で僅かに二つ、メールゼブルクとシャイドゥンゲンのみであった。勝利の後、国王は、弟と義弟〔＝ギーゼルベルト〕を追跡することを決断した。

(64)　ハッセガウの伯（九五七年歿）。
(65)　参照、第三巻一六章。同所ではダダンと呼ばれている。

## 一九章　ハインリヒがザクセンに帰還したものの、国王に打ち負かされ、再び出立したこと

彼の数々の城塞が降伏したとの報せを聞き、国王のこの度の勝利に意気消沈したハインリヒは、僅かに九名の武装した者のみを従えて出立した。ザクセンに遅ればせながら到着すると、メールゼブルクの城塞に入った（四月）。国王は、このことを確認すると、自らもまたザクセンに帰還し、弟が籠もる城塞を軍隊で包囲した。しかし、彼は、力と強さに勝る者に抗《あらが》うことは出来なかったので、およそ二か月の後に城塞を出て国王の下に赴いた（五月）。三十日間の休戦が認められ、この間に仲間たちと共にザクセンの地を退去することが定められた。ただし、仲間たちの中に国王の側に与することを望む者がいる場合、この者は赦されることとされた。ザクセンでは国内の戦《いくさ》(66)が止み、それから後暫しの間平穏な日々が続いた(67)。

（66）サッルスティウス『カティリーナ』第五節（邦訳三九頁）。
（67）参照、『ヨシュア記』一一・二三。『士師記』三・一一、五・三一。

## 二〇章　蛮族がいかにしてゲーロの殺害を企て、長きに亘る戦闘を続けたか

しかし、蛮族は我々の苦難に力を得て、放火と殺人によって国土を荒廃させることを止めはしなかった。そして、国王が彼らの上に据えたゲーロを密かに殺すことを企てた（九月）。ところが、ゲーロは、計略には計略をもって出し抜いた。彼はある夜、豪華な宴会で疲れ果て、葡萄酒《ぶどう》に埋もれたおよそ三十人の蛮族の君公を一挙に片付けたのである。しかし、彼一人だけですべての蛮族に太刀打ちすることは出来なかった。この頃、オボトリート族(69)もまた叛旗を翻し、我々の軍隊を全滅させ、ハイカという名の指揮官を殺害した。そこで、国王自らが彼らに向けて幾度にも亘り軍隊を率い、多大な損害を与え、滅亡の淵にまで追いつめたのであった。

だが、それにも拘わらず、彼らは、平和よりもむしろ戦争を好んだ。それは、尊ばしき自由のためならば、いかなる困窮も厭わなかったからである。すなわち、この類の人間は不屈で、どれ程の労苦であれ、それを耐え忍ぶのである(70)。スラヴ人はほんの僅かの食事にも慣れており、我々には甚だしき苦しみとしか思えないことを、彼らは楽しみと見なすのである。実際、それ以来多くの歳月が経過したが、戦闘の目的は双方の間で異なっていた。こちら側は名誉と広大

な支配領域の拡大のため、彼らは自由か、さもなくば最悪の隷属のために戦ったのであった(71)。かの日々にザクセン人は、本当に数多くの敵たちのために苦しまねばならなかった。東にはスラヴ人、南にはフランク人、西にはロートリンゲン人、北にはデーン人とここにもスラヴ人がいた。このため、蛮族との戦いは、長きに及ぶこととなったのである。

(68) 参照、第一巻一一章注五九。
(69) メックレンブルク地方、シュヴェリーン他を本拠地とするスラヴ系民族。
(70) サッルスティウス『ユグルタ戦記』第四四節。
(71) 参照、サッルスティウス『ユグルタ戦記』第九四節。

## 二一章　国王ハインリヒが遺したスラヴ人について

かつて国王ハインリヒが捕虜として遺したスラヴ人で、トゥグミールという名の者がいた(72)。彼は、その民族の法によって父の跡を継ぎ、ヘヴェル族と呼ばれる人々の支配者に就くこととされていた。この者は、多額の金銭によって籠絡され、さらに多大な約束をもって説得されると、ついには自らの故国を見捨てることを決意した（九四〇年）。そして、彼は、あたかも密かに脱走してきたかの如くブランデンブルク[73]と呼ばれる城塞に舞い戻ると、人民によって想い起こされ、支配者として受け入れられた。それから程なくして、彼は約束を実行に移した。すなわち、かの民族の君公の中で唯一人生き残っていた甥を自らの元に誘き寄せ、術策を巡らして捕らえ殺害した。そして、この城塞をすべての国と共に、国王の支配に差し出したのである。この結果、オーデル川に至るまでのすべての蛮族が、同様に国王に服従し、貢納を支払うこととなった。

(72) 九二八／二九年のブランデンブルクの戦闘（第一巻三五章）で、捕虜になったと推定される。Lübke, *Regesten*, Nr.25, 32, S.40-42, S.50f.

(73) ブランデンブルクが、いつヘヴェル族の手に再び帰したのかは定かではないが、九三七年以降と推定される。Lübke, *Regesten*, Nr.66, S.90f.

## 二二章　国王の軍隊がいかにしてハインリヒに立ち向かったか

さて、ハインリヒは、ザクセンの地を去らねばならなかったので、再びロートリンゲン人の地に取って返し、義兄の大公ギーゼルベルトの元で、戦士たちと共に暫くの間滞在することとなった。そこで、国王は、あらためてギーゼルベルトに向けて軍隊を率い、その支配下にあるロートリンゲン人の地方を炎と剣で荒廃させた（九三九年六月）。当のギーゼルベルトは、シェヴルモン(74)と呼ばれる城塞で包囲されたが、そこから脱出し、いずこかに姿をくらました。包囲戦は、地形が難所であるためそれ以上続行出来ず(75)、国王は、周辺の地方を荒らした後ザクセンへと帰還した。

(74) 今日のベルギー、リュッティヒ（リエージュ）南東のヴォー＝ス＝シェヴルモンに位置し、岩壁に聳え立つ難攻不落の城塞であった。
(75) 参照、サッルスティウス『ユグルタ戦記』第四六節。

## 二三章　インモーとギーゼルベルト

ところで、国王は、ギーゼルベルトの仲間にインモー(76)という名の大変機敏にして狡猾な者がいることを知っていたので、武器を用いて戦うよりもこの者の計略を利用する方が得策であると考えた。彼は、抜け目のない男で、より善良でかつより強い者に服従すると、大公に対して武器を取った。このことは、大公にとって他のいかなる痛みにもまして辛いことであった。それまで大公は、その助言と誠実を最も信頼してきたのに、今やその者を敵に回して闘わねばならなかったからである。

そして、インモーが大公から豚の群れを騙し取ったことは、その怒りをさらに増大させることになった。大公の豚飼いがインモーの城塞の門の前を通過した時、彼は、一頭の子豚を門の前であちこちへと駆り立てさせ、次に城塞の門を開け放って豚の群れを一挙に仕留めたのである。この欺瞞を大公は耐え忍ぶことが出来ず、軍隊を集めてインモーを包囲した。伝えられるところによれば、この者は、沢山の蜜蜂の巣箱をもっており、それを壊して騎兵に向けた投げ放ったという。蜜蜂は、その針で馬を刺しひどく興奮させたため、騎兵は危険に晒されることになった。この様を城壁の上から見下ろしていたインモーは、彼らに向かって仲間と共に襲撃をかけるぞと脅したのであった。

インモーのかかる術策によって、再三に亘って愚弄された大公は、ついに包囲を中止するに至った。伝えられるところによれば、彼は、引き揚げる際に言い放ったという。「インモーが余の側に立っている限り、余は、すべてのロートリンゲン人を容易く掌握することが出来た。しかし、今や余は、すべてのロートリンゲン人をもってしても、かの男一人すら捕らえることが出来ないのだ(77)」。

(76) マーストリヒト、リュッティヒ（リエージュ）地方に所領を有する伯と推測されている。
(77) 以上の喜劇的な寓話は、民衆世界に伝わる口承の趣を呈している。「インモー（*Inmo*）」の名前は、古高ドイツ語の *immen*、すなわち彼独自の武器である「蜜蜂」に由来するのではないかとの解釈もある。

## 二四章　エーベルハルトとギーゼルベルト

さて、エーベルハルトは、戦争が長引くのを見ると、もはや落ち着いてはいられなくなってきた。彼は、国王を侮ってかつての誓約を破り、以前と同じくギーゼルベルトと結託して戦《いくさ》を引き起こすことを目論んだ。そして、王国の西方のみでは満足せず、軍隊を率いて荒廃させるべく、ライン河以東の地方へと襲いかかったのである。この頃、国王は、ブライザッハ(78)およびエーベルハルト側に与する他の城塞を攻撃中であったが、この報せが国王の陣地に達すると、あ多数の者たちが陣地から立ち去っていった。ザクセン人が今後も国王を立て続けることへのあらゆる望みは、潰えたかのようであった。しかし、かかる苦境に陥り、また僅かな騎兵しか従えていなかったにも拘わらず、国王は、毅然とした態度と統治能力を失うことはなかった。彼は、まるでいかなる困難も降りかかっていないかの如く振る舞ったのである。しかし、実際には司教たちさえもが、陣幕やその他の道具を見捨て忠誠に背いたのであった（九月二二日）[79]。

（78）当時はライン河に浮かぶ島であった。本来エーベルハルトの支配領域には属してはおらず、この時彼の軍隊によって占拠されていたと考えられる。

（79）アーダルベルト『レーギノ年代記続編』九三九年の項は、次の情報を伝えている。国王軍によるブライザッハ包囲の叙述に続けて、「マインツ大司教フリードリヒとシュトラースブルク司教ロータルト〔在位九三三—五〇年〕は、包囲軍側に陣幕を張っていたが、ある夜、運搬してきた軍隊の物資を残したまま密かに逃亡を企てた。彼らは、かねてより盟約で謀っていたように、ギーゼルベルトとハインリヒに合流することを期待してメッツへと向かったのである」（この後、エーベルハルトとギーゼルベルトの戦死の叙述が続く）。

## 二五章　司教フリードリヒとロータルト

背信の原因について長々と陳述し、国王の秘密を明かすことは、もとより我々の力の及ぶところではない。しかしながら、歴史を十全のものとする必要があると我々は考える。もし、我々が過ちを犯しているのであるならば、それについてはどうか赦していただきたい。

協調と平和の回復のために、〔国王の命で〕エーベルハルトの下に遣わされた大司教[80]は、それが必ずや実現するものと切望していたので、両者間の契約に際し保証として誓約を立てた。伝えられるところによれば、彼はそれ故、誓約に背くことは出来ないと述べたという。一方、国王の考えでは、自らの地位に相応しい返答を司教を通じて〔エーベルハルトに〕送っただけであり、自らの委任なくして司教が交渉で決めた内容に自身が縛られることなど、断じてあり得ないことであった。このため、司教は、権威に反してまで、上位者としての国王に服従することを望まず[81]、むしろ彼から離反する方を選んだのである。司教は、流刑に処せられたかの如く、ハンブルクへと向かった。また国王は、司教ロータルトを新コルビー〔＝コルヴァイ〕へと送った。しかし、それから程なくして、慈悲深きことに二人を赦し、再び恩顧を与えてかつての地位へと復させた。

(80) ヴィドゥキント以外の史料は、この交渉について何も触れておらず、その事実性は不確かである。
(81) 「ペテロの第一の手紙」二・一三。――「権威」とは神のそれを意味すると解される。

## 二六章　大公エーベルハルトとギーゼルベルトの死

その後、大公たちの高慢さを抑えるため、ヘルマン[82]が軍隊と共に派遣された。彼は、両者をライン河の河畔[83]で発見した。両者の軍隊の大半は、既にそこにはおらず、戦利品をもってライン河を越えた後であった。かくして、大公エーベルハルト自身は、武装した戦士たちによって包囲され、数多くの傷を負いつつ果敢に反撃したものの、最後は投げ槍に貫かれて斃れた。一方、ギーゼルベルトは逃走して、多くの者たちと共に一艘の船に乗ったが、船は重みに耐えかねて沈没してしまった。大公本人も他の者たちと共に水中に沈み、二度と再び発見されることはなかった（一〇月二日）。

国王は、自らの戦士たちの勝利と両大公の死を聞いた時、全能の神に向け感謝を捧げた。彼は、これまでもしばしば、然るべき時にその御助力に与ってきたのであった。国王は、ロートリンゲン人の地方を、リヒヴィンの息子のオットー[84]の管轄下に置いた。併せて、国王の甥でギーゼルベルトの息子のハインリヒという希望に溢れる少年の養育も委ねると、ザクセンへと帰還した。なお、少年の母[85]は、結婚によって国王ルイと結ばれた。また、国王の弟のハインリヒは、ロートリンゲン人の元を去り、シャルルの王国[86]へと退却した。

両大公の死の後には極寒の冬が、その冬の後には苛酷な飢餓が続いた（九四〇年）。

（82）　シュヴァーベン大公。他の史料は、兄のウドーおよび従兄弟のコンラート（〝短軀〟）の名前も挙げている。巻末のコンラート家系図を参照。

（83）アンダーナッハ近郊。

（84）ロートリンゲン大公（在位九四〇／四二―四四年）。父リヒヴィンはヴェルダン伯（九二三年歿）。

（85）ゲルベルガ（第一巻三〇章）。西フランク国王ルイ四世（〝渡海〟、在位九三六―五四年）は、父シャルル三世が九二三年に捕縛された後（同注一三六）、母エドギフの父であるイングランド国王エドワード（第一巻二七章注一八九）の元に亡命し、ウェセックス宮廷で成長した。九三六年に西フランク国王ラウルが継嗣なくして死去した後、ユーグ（〝大《ル・グラン》〟）らの有力貴族によって新国王として迎えられた。九三九年の内乱に乗じてロートリンゲンに軍を進め、同地に対する支配権主張を正当化するため、約七歳年長で寡婦となったばかりのゲルベルガと結婚した。

（86）〝シャルル〟とは、八四三年のヴェルダン条約によって西フランク王国を樹立したシャルル二世（〝禿頭〟）を指すと考えられている。参照、第一巻二九章（〝カールの王国〟）。同じ語法は、第三巻二章にも見える。

## 二七章　再びインモーについて

それから後[87]、インモーは――それが本気であったのか、見せかけであったのか、私には解らない――、国王に対して武器を取った。しかし、冬の最中に軍隊に包囲されると、城塞と共に自らの身柄を引き渡し、以後は忠誠を守り、役に立つ者であり続けた。

(87) 二七・二八章の配置は、二八章末尾で著者自身が認めているように、クロノロジーから外れている。インモーが一部のロートリンゲン貴族と共に蜂起したのは、はるか後年の九五〇年代末の出来事に属する。

## 二八章　ギーゼルベルトの甥たち、アンスフリートとアーノルト

ギーゼルベルトの甥たちもまた、服従して国王に仕えた。彼らが有していた城塞は、それにも拘わらず、持ち続けることが許された(九四〇年?)。シェヴルモンもまた、アンスフリート(88)とアーノルトによって引き続き保持された。両名に対して、インモーは使者を送り、次の内容を伝達させた。

「私が自らについて思うところは、汝たちの考えと何ら変わるところはない。ただ、汝たちがこの民族の第一人者であること、それは誰しもが知るところである。さて、人は、片腕よりも両腕をもってより多くのことを達成出来るということ、それを疑う者はあるまい。それ故、力において三つが一つに勝ることは明白である。我々は今、ザクセン人に仕える身であるが、それを余儀なくしている原因は、我々の間の不和でなくして何であろうか? 彼らが汝たちを武器をもって包囲した時、はたして彼らは勝利に歓喜したであろうか? 勝者であるにも

拘わらず仕えるということは、まったくもって不名誉なことである。私は、すべての人間の中の最良の者――彼は、私を幼少の頃から養育し、常にその友人たちの中に数え、偉大な権力によって栄誉を授けてくれた――、すなわち我々の共通の主人の下を立ち去り、命の危険を冒してかのザクセン人〔＝国王オットー〕に味方した。そして今、汝たちが知る如く、私は彼から、それに相応しき名誉どころか恥辱を受けているのだ。私は武器を与えられ、自由人からまるで奴僕へとされてしまったのだ(89)。私の意志が本当に共通の利益を慮《おもんぱか》っていること、そのことを汝たちが知るべく、アンスフリートよ、汝に私はたった一人の娘を妻として与えようではないか。そうすることで、汝たちのいずれも、私に対して不誠実の疑いもつことは出来ないであろう。そこで、双方が会合するための場所を指示して欲しいのだ。そうしたならば、汝たちは、私の誠実な意志を確認するであろうし、このことは使者を介してでは出来ないことなのだ」。

二人は堅固な志操の持ち主で、かねてより彼に疑念を抱いていたが(90)、それにも拘わらず、かかる狡猾さに抗《あらが》うことはせず、むしろ心を惑わす言葉に唆されて、双方が協議する場所を指定した。しかし、かの者は、武装した者たちを然るべき場所に潜ませ、奸計を巡らして二人を捕らえさせた。そして、監視を付けて国王の下に連行させたが、その際、次の内容を伝達させた。「背の高い方の者は、柔和な性格で、鎖も拳《こぶし》も必要とはしない。脅すだけで、知っていることすべてを吐くであろう。しかし、アンスフリートは、鉄よりも硬い男であって、最も苛烈な拷問によって何か引き出せたなら、それだけでも大したものだ」。国王は両者を受け入れると、暫くの間罰として虜囚の身とした。しかし、後に寛容な恩顧によって両者を味方とし、平和裏に立ち去らせた。

ところで、原因と出来事は互いに連鎖しており、それらを物語の順序において互いに切り離してはならないので、もし私が時の前後関係を取り違え、後の事件を以前の事件に先行させているならば、そのことについてはどうか私を赦していただきたい。

(88) トリーア大司教ルオトベルト（前述一章注七）の兄弟でレギナール家の出と推定されている。

(89) 参照、第一巻三四章：「ザクセンは奴僕の状態から自由となり、貢納者から多数の民族の主人となった」。

(90) 参照、サッルスティウス『ユグルタ戦記』第七一節。

## 二九章　ハインリヒがいかにして赦しを得たか

国王は、弟が忌まわしい苦難に苛まれていることを、[91] 常に心中に宿る御慈悲の念から憐れに思った。そこで、幾つかの城塞をその使用に供し、ロートリンゲン人の地方内に住まうことを認めた[92]（九四〇年）。

(91) ウェルギリウス『アエネーイス』第一歌五九七行（邦訳三九頁）。

(92) ヴィドゥキントは、ハインリヒの服従の経緯については述べていない。両大公の戦死の後、彼は、姉ゲルベルガに助けを請うべくシェヴルモンに赴いた。しかし、ゲルベルガが兄オットーの怒りを恐れて弟を厳しく叱責したため、抵抗を断念し兄に降伏した（九三九年末）。なお、他の史料は、オットー（前述二六章）に先立ち、九四〇年にハインリヒがロートリンゲン大公位を与えられたが、早くも同年にロートリンゲン人によって追放された、と伝えている。

## 三〇章　総督ゲーロ

この頃、蛮族との戦闘が激しくなっていた。総督[93]ゲーロにあてがわれた戦士たちは、度重なる遠征に疲れ果て、貢納もしばしば拒絶されたため、寄進や貢納の報酬による援助をほとんど得ることが出来なかった。このため、彼らは、ゲーロに対する反抗的な憤怒の念に駆り立てられていた。しかし、国王は、国家の共通の利益を思い、常にゲーロの側に立った。その結果、ひどく激昂した彼らの憤怒の念の鉾先は、国王自身にも向けられるという事態になったのである。

(93) 原語は*preses*。ヴィドゥキントの語彙に「辺境伯(*marchio*)」は見出されないが(参照、第一巻三六章注一七九)、*preses*は、辺境伯もしくは大公に相当する意味で用いられている。

## 三一章 再びハインリヒについて。多くの者がいかにして彼と共に国王に対し共謀したか

この事態は、もとよりハインリヒの知らぬところではなかった(九四一年)。そして——魂の苦しみ[94]に何か好ましいことが与えられた場合、よく起きることであるが——、かかる者たちを自らの側に与するよう説き伏せることは、容易いことであった。彼は、軍隊が国王に対して叛旗を翻すことを知っていたので、またしても国王になる期待を抱いたのである。数多くの使者が各地を駆けめぐり、贈り物が相互に交わされた後、彼は、東方の戦士たちのほぼ全てを自らの味方に付けた。事態は大変な悪事へと発展し、ついにこの者たちは、大規模な謀議の盟約を結ぶに及んだ。その内容は、間もなく到来する復活祭の日に、ハインリヒ自らが王宮に赴き[95]、国王を殺害したうえで王国の冠を自らの頭に被せる、というものであった(四月一八日)。

この計画を公言した者は一人もいなかったが、陰謀は復活祭の直前、常に神の御加護が与えられている国王の知るところとなった(96)。このため彼は、信頼出来る一群の戦士たちに昼夜を問わず警護されることとなった。しかし、だからといって、この祝祭に参列した人民の前でその地位や荘厳さを減じることは決してなく、むしろ敵たちを凄まじい恐怖へと駆り立てることとなったのである。祝祭の日が過ぎ去った後、彼は、この時側近くにいたフランク人――すなわちヘルマン、ウドー、「赤」と呼ばれたコンラート(97)――の助言を特に入れて、密かに裏切った者たちを捕らえるか、さもなくば殺害するように命じた。

この者たちの中の第一人者はエーリヒ(98)で、この時の誤りを別とすれば、その他のあらゆる徳性において優れ、大いに勇敢にして傑出した人物であった。武装した者たちが自らの方に急いで来るのに気付くと、彼はその理由を察知し、馬に跨《また》がって武器を手に取った。敵の支配に服従するよりも、先人たちの勇敢さと高貴を想い起こし(99)、敵勢に包囲されて死ぬことを選んだのである。彼は槍に貫かれて斃れた。勇気と勤勉さの故に、同胞によって大切にされ、高い名声を博した者であった。陰謀に加わった他の者たち〔の裁き〕は、翌週まで持ち越された。彼らの罪について法に則って然るべき罰が科せられ、その結果斬首に処せられた。しかし、ハインリヒは逃走し、王国の地を立ち去った(100)。

(94)『サムエル記』上、一・一〇、二・二二他。
(95)この年の復活祭は、クヴェトリーンブルクで祝された。
(96)参照、『使徒行伝』九・二四。
(97)ライン河中流地方の伯ヴェリンヘル(九二〇年歿)の息子。後にロートリンゲン大公となり、国王の娘を娶った(後述三三章)。
(98)ザクセン人貴族で、後年のハルバーシュタット司教ヒルディヴァルト(在位九六八―九六年)の父。
(99)参照、サッルスティウス『カティリーナ』第五八節、六〇節(邦訳一二四、一二七頁)。
(100)ヴィドゥキントは述べていないが、ハインリヒはその後インゲルハイムで捕縛され、拘禁された。しかし、早くも同年(九四一年)の降誕祭に国王によって罪を赦免された。

## 三二章　様々な前兆について

この年(九四一年)にはまた、様々な前兆が現れた。諸々の彗星が、一〇月一八日から一一月一日の間に観察された。その出現によって多くの人間は、極めて恐ろしい疫病、あるいは少なくとも、国王の交替が起きるのではないかとの不安に襲われ怯えたのである。

それというのも、国王ハインリヒの死の前に、やはり不思議な出来事が数多く起きたことがあったからである。例えば、戸外は晴天であるにも拘わらず、太陽の光をほとんど見ることが出来ず、他方、屋内には家屋の窓を通して、血のように赤い光が射し込んでくるという出来事が起きた(101)。かの強大な支配者が埋葬された山(102)では、噂の伝えるところによれば、数多くの地点で炎が吹き出したという。また、ある男は、剣で左腕を切り落とされたものの、それからほぼ一年の後、就寝中にそれが元の状態に戻った。腕には、結合部に血のように赤い線が奇蹟の徴《しるし》として残されたという(103)。

彗星の後には大洪水が、大洪水の後には牛の疫病が続いた（九四二年）。

(101) ハインリヒ死去の二年前の九三四年四月一六日、中欧では広く日蝕が見られた。その次は九三九年七月一九日に、主に南欧で観察されている。
(102) クヴェトリーンブルク。参照、第一巻四一章および注二〇八。
(103) この奇蹟が起きたとされるのは、ハインリヒ一世の統治期ではなく九四四年のことである。

## 三三章　ロートリンゲン人の総督オットー

ロートリンゲン人の総督オットー、そして国王の甥のハインリヒが相次いで死去した(104)後、この地方の大公の地位は、コンラートに与えられた（九四四年）。国王はまた、その一人娘をも彼と娶《めあわ》せた(105)。彼は、鋭敏にして勇敢な若者で、平時も戦時も傑出しており、仲間たちから愛された。

(104) オットー（前述二六章）は九四四年に、ハインリヒ（同）は九四四年以前に死去した。

(105) リーウトガルトとの結婚は九四七年。参照、第一巻三七章、後述四一章。

## 三四章　アルヌルフの弟ベルトルト

この当時バイエルンを管轄していたのは、アルヌルフの弟のベルトルトであった。彼はハンガリー人と戦い勝利者となったので、その見事な戦勝によって名を馳せた(106)（九四三年）。

(106) バイエルン大公ベルトルト（前述一〇章注三三）は九四三年八月一二日、ヴェルス近郊でハンガリー人に勝利した。

## 三五章　国王がいかにしてもう一人のユーグを武力で屈服させたか

ところで、国王は、日に日に強大になったので、もはや父の王国のみで満足することなく、ブルグントに出軍し、その国王[107]を王国と共に自らの支配下に置いた（九四〇年）。もう一人のユーグ[108]を、武力で屈服させ、自らに服従させた。国王に贈り物として進呈された黄金の留め金は、宝石の様々な輝きが真に素晴らしいものであるが、それが最初の殉教者ステファヌスの祭壇で輝くのを、我々は今日目の当たりにしている[109]。

(107) 国王ルードルフ二世（九三七年歿）の遺児コンラート一世（在位九三七―九三年）。後年オットー一世の二人目の妻となるアーデルハイトの兄。
(108) 研究者の比定は、フランキア大公ユーグ（〝大《ル=グラン》〟）と、国王ラウル（第一巻三九章）の弟のブルゴーニュ大公ユーグ（〝黒〟、在位九二三―五二年）の間で分かれているが、後者が有力視されている。
(109) コルヴァイ修道院にはもはや現存しない。参照、第三巻六二章注一四二。

## 三六章　兄弟間の協調、彼らの性格と振る舞い

さて、今やすべての王国が彼の前に静穏となり[110]、あらゆる敵がその権力に服した。その時彼は、神々しい母君の忠告と執り成しによって、幾多の困窮によって屈服した弟のことに思いを寄せた。ベルトルトは、その後死去したので[111]、バイエルン人の分国を管轄すべく弟を後に据えた（九四七年）。それから、国王は弟との間に平和と協調を回復し、弟はそれをその死の時まで誠実に維持し続けた。ハインリヒ殿自身は、大公アルヌルフの娘で、華麗な容姿と並外れた賢明さに恵まれた女性[112]と婚姻によって結ばれた。そして、兄弟間の平和と協調――それは神のお気に召されることであり、また人間にとっては多幸であるが――は、間もなく全世界で賞賛されるところとなった。なぜならば、両者は、一致して国家を拡大し、敵と戦い、父の如き権力をもって民を統《す》べたからである。それ故、彼は、バイエルン人の大公位を得た後、決して怠惰な無為に耽ることはなかった。むしろ、アクィレイアに軍を進めて攻略し[113]、武器をもって二度に亘りハンガリー人に勝利を収め、ティチーノ川を越えて進み[114]、敵の地で大量の戦利品を得た後、軍隊を無傷で祖国へと帰還させたのである（九五〇／五一年）。

かくも偉大な者たちは、最高の御慈悲が歓喜とあらゆる誉れのために、世界に対して据えた方々である。その彼らの性格、振る舞い、容姿についてあまねく叙述し尽くすことは、我々の力の及ぶところではない。そもそも、彼らに対して抱く畏敬の念を押し隠すことさえも、我々には出来ないのである。

彼本人、すなわち強大な支配者(115)にして兄弟の最年長で最良の者は、とりわけその敬虔さの故に有名であり、その任を果たすことにおいて、すべての人間の中でも最も堅固であり、国王として秩序の維持のために与える畏怖を別とすれば、常に好意的で、気前良く贈り物を授け、眠ることは僅かであった(116)。就寝中でもいつも何か語っており、あたかも常に目が覚めているかの如くであった。友人たちの願いを良く聞き、彼らに対して人並み外れて誠実であった。我々の聞いたところによれば、訴えられた者たちや、その罪業を認めさせられた者たちが、国王本人に弁護人と保証人を見出したという。彼は、これらの者たちの罪状を信ずることなく、その後も、あたかも彼に対していかなる罪業も犯したことがないかの如く、この者たちを遇したのである。

彼の才能は、真に驚嘆に値するものであった(117)。それというのも、王妃エディットが逝去した後、それまで知らなかった文字を良く学び、書物を十分に読みかつ理解出来るまでになったからである。他にも、ロマンス語(118)とスラヴ語を話すことが出来た。ただし、それを使うのが相応しいと彼が判断したのは、ごく稀であった。狩猟には頻繁に出かけ、盤上遊技を好み、時には優雅な騎馬試合を国王としての真剣さをもって練習した。加えて、強靭な肉体をもち、それは国王としてのあらゆる威厳を誇示するものであった。鬢《びん》のあたりには白いものが見え(119)、眼は燃えるようで、雷光のように突如として煌《きら》めく眼差しによって独自の輝きを放っていた。顔《かんばせ》は赤みを帯び、髭は長く波打っていたが、これは古来からの習俗に反することであった。胸は獅子のたてがみの如く覆われており、腹は膨らみすぎることはなく、歩行はかつては速かったが、今では悠然たるものである。服装は父祖伝来のもので、外来の服は決して使わなかった(120)。王冠を被らねばならない時は、いつでも常に断食によって準備をしたと言われるが、これは本当のことである。

　これに対し、ハインリヒの性格は大いに真面目であり、このため彼を知らない人々の間では慈悲と快活さに乏しいと思われていた。内面的には常に堅固で、友人たちには大いに誠実であった。取るに足らない財産しか持たない一戦士(121)に対して、妻の妹と結婚させるという栄誉を授け、この者を自らの仲間にして友人にしさえした。体格は際だっており、若き日には稀に見る端麗さの故に、すべての人々を引き寄せたのである。

末弟のブルーノ殿は、大変賢く知識に富み、あらゆる徳と勤勉さを備えていた。国王が抑制のきかないロートリンゲン人を管轄すべく彼を据えた時、(122) 彼は、この地方から盗賊たちを追放し、熱心に法の知識を教授したため、かの地では最高の秩序と最大の平和が支配することになったのである。

(110)『イザヤ書』一四・七、『第一マカベア記』一・三、一一・五二、一四・四など旧約聖書に多く見られる表現。
(111) 九四七年一一月二三日。
(112) ユーディト（九八五年以降歿）。結婚は九三六／四〇年頃。
(113) 他の同時代史料に言及はないが、ティートマル『年代記』は、ハインリヒの「不遜な所業」として、彼が「アクィレイア総主教を去勢させた」ことに触れている（第二巻四〇章）。恐らくは九五五年の出来事と思われる。
(114) ヴィドゥキントは、二つの異なる事件（九五〇年のハンガリー人との戦闘、九五一年のイタリア遠征）の細部を誤って一纏めにしている。
(115) 参照、第一巻序文注三。以下のオットーに関する人物描写の一部は、第一巻三九章の父ハインリヒに関する叙述と酷似する。
(116) 参照、ルーカーヌス『パルサリア』第九巻五九〇行（邦訳二三七頁）。
(117) 以下の描写は、アインハルト『カール大帝伝』、特に第二二―二五章の全般的影響下にある。

(118)「ローマ風の言葉（*Romana lingua*）」はロマンス語を、この場合は古フランス語を指す。前述一七章に見える「ガリア語」は比較的稀な表記である。
(119) 参照、オウィディウス『変身物語』第八巻五六八行（邦訳三三四頁）。
(120) 参照、アインハルト『カール大帝伝』第二三章（邦訳三四頁）。――例外は、国王戴冠式でフランク人風の衣装を纏った時である（前述一章）。
(121) 伯ブルヒャルト。オストマルク辺境伯、レーゲンスブルクのブルクグラーフとして確認される〝ブルヒャルト〟と同一人物であると推定される。ユーディトの妹の名は不詳。
(122) 参照、第一巻三一章、第三巻一八章注四九。

## 三七章　修道士への弾圧について

かくして、今や内外において戦争が収まったので、神と人間の法は、高く力強い権威をもって聳え立つに至った。ところが、この頃、修道士にとっては辛い弾圧の日々が始まった。それは一部の司教たちが、修道院には怠惰な者が多数いるよりも、僅かの者が賞賛すべき生活を送っていればそれで良いと考えたからである。もし私が誤っていないのならば、その時彼らは、家の主人の言葉に思いを寄せることはなかったのである。主人は、僕たちに毒麦だけを抜き集めることを禁じ、むしろ毒麦と〔良い〕麦の双方とも、刈り入れの時まで一緒に成長させたのであった(123)。その結果、幾多の者たちが自らの弱さを自覚して僧服を脱ぎ、聖職者たることの重い軛《くびき》から逃れるべく、修道院を立ち去るという事態に至った。

しかしながら、異なる考えの者たちもいた。それによれば、大司教フリードリヒがこの挙に出たのは、純粋な意図に発するものではなく、尊敬すべき人物で国王に大いに忠誠な修道院長ハダマール(124)に対して、何らかの術《すべ》で名誉を傷つけることが真の目的であった、というのである。

(123)『マタイの福音書』一三・二七―三〇。
(124) フルダ修道院長（在位九二七―五六年）。

## 三八章　修道院長ハダマール

なるほど、このお方は、賢明さと勤勉さにおいて大いに秀でた方であった。在任中に有名なフルダの教会が火災で焼失するという事件があったが、その手で再建され、以前よりもより豪華な形で完成させられた(125)。ハダマールは、大司教が二度目の謀議の盟約(126)について罪有りとされた時、彼を拘禁した。最初は名誉をもって遇したものの、その後かの者が書いた書簡が見つかり、以後はかなり手厳しく処した。このため、司教は、放免された後に報復を目論んだのだが、かくも秀でたお方に対しては、法をもって為すべきことは何もなかった。そこで、彼は、まずは小さな修道院に対してその権力を拡大し、次いで卓越した修道院に向けることを企図したのである。しかしながら、この種の口実を弄することは、無益なことであった。なぜならば、修道院長は、その後も国王の恩顧に与り、友人であることに変わりなかったし、様々な事件がこの間に起きたため、大司教の目論みは、実現するには至らなかったのである。

(125) 火災は九三七年、新教会の献堂式は九四八年。
(126) 大司教は九三九年、エーベルハルトに加担し、ハンブルクに追放された（前述二五章）。彼が九四一年のハインリヒの反乱（前述三一章）にも関与した事実について、ヴィドゥキントは明記していないが、「二度目の謀議の盟約」とはこの事件を指すと考えられる。なお、アーダルベルト『レーギノ年代記続編』九三九年の項は、フリードリヒが（ハンブルクではなく）フルダに追放されたと記しているが、これは九四一年の事件と混同したものと思われる。

## 三九章　国王ルイとその息子たち

国王の妹(127)は、国王ルイのために三人の息子たち、すなわちシャルル、ロテール、カールマンを生んだ。[128] しかし、国王ルイ自身は、大公たちに裏切られ、さらにノルマン人によって捕縛された後、ユーグの助言でランに移送され、拘禁下に置かれた（九四五年）。ノルマン人は、長男のシャルルをルーアンに連行し、彼は同地で亡くなった。[129] 国王〔＝オットー〕は、この報せを聞くと、友人の運命をひどく嘆き悲しみ、ユーグに対抗すべくガリア遠征を翌年おこなうことを命じた。

(127) ゲルベルガ。参照、前述二六章。
(128) 後に西フランク国王となるロテール（在位九五四―八六年、参照、第一巻一六章）は九四一年、シャルルは九四五年に生まれた。「カールマン」の存在について他の史料は何も語っておらず、これはヴィドゥキント（あるいはその情報源）の誤解に由来すると考えられる。次注を参照。
(129) シャルルは前注にあるように次男である。ルイを七月一三日に捕らえたノルマン人は、国王解放の代わりに息子を人質として要求し、王妃ゲルベルガは、長男ロテールではなく同年初頭に誕生したばかりのシャルルを差し出した。シャルルが死去したのは、遅くとも九五三年である。国王夫妻は、同年に生まれた四男を再び「シャルル」と命名しているからである。なお、九七三年以降に成立した「完結本」（C稿）は、この箇所でシャルルの名を「カールマン」（前注）に書き換えている。これは、この四男（九五三―九九一年以降歿、九七七年以降ニーダーロートリンゲン大公）が当時存命していた事実を勘案した（誤）修正の所産と考えられる。Karl Ferdinand Werner, Die Nachkommen Karls des Großen bis um das Jahr 1000 (1.-8. Generation), in: *Karl der Große. Lebenswerk und Nachleben*, Bd.4: Das Nachleben, hg. v. Wolfgang

Braunfels - Percy Ernst Schramm, Düsseldorf 1967, S.403-482, hier S.472f.

## 四〇章　ボレスラフの人質たち

この頃国王は、狩猟のため森林地帯に滞在していた[130]（九四五年末）。我々はそこで、国王がボレスラフの人質たちの姿を人民の前で披露させるのを見た。彼は、この者たちの到来を大いに喜んでいた[131]。

(130)　時期・場所に関する有力候補は、次章の王妃の死去に先立つ九四五年末である。同年一二月二九日、国王はダールムでコルヴァイ修道院宛に証書を発給したが、同地はコルヴァイの東方約五五キロに位置しており、ヴィドゥキントの目撃証言は十分に根拠がある。第二の候補は、翌四六年五月末である。国王は、同月三〇日にマクデブルク近郊のフローゼでコルヴァイ宛に証書を発給しており、これに先立ち修道院から国王宮廷に派遣された使節に、ヴィドゥキントも加わっていた可能性がある。Beumann, *Widukind von Korvei*, S.6 Anm.3.

(131)　ボレスラフが人質を差し出したことは、九三六年以来続く国王との戦闘状態（前述三章）を収束させるべく、彼が休戦を提案し受け入れられたことを示唆している。

# 四一章　王妃エディットの死

この年はまた、すべての人民にとって、祝福された祈念に留まる王妃エディットの逝去の故に、記憶されるべき年となった。その命日となった（九四六年）一月二六日は、すべてのザクセン人の悲嘆と落涙によって迎えられた。アングル人に生まれた彼女は、神々しき敬虔さのみならず、国王家門の出自という権威によって輝きを放っていた。彼女は、一〇年に亘り王国の統治に与ったが、一一年目に亡くなった。ザクセンで生活したのは一九年間であった[132]。彼女は、リーウドルフという名の息子を後に遺した。精神と肉体のあらゆる優秀さにおいて、その年齢のいかなる人間にもひけをとらぬ者であった[133]。後に遺したもう一人は、リーウトガルトという名の娘で、大公コンラートに嫁した。王妃は、マクデブルクの新しい聖堂の北側の身廊部に、東の方角に向けて埋葬された。

(132) エディットが死去した九四六年は、国王オットーの統治一〇年目、彼女がザクセンに到来して一八年目にあたる。ヴィドゥキントは、王妃の死去の年を九四七年と誤解していたようである。

(133) 参照、第一巻四一章注二〇六。

第二巻が終わる

# 第三巻

皇女マティルデ殿下への第三巻の序文が始まる

天と地の顔《かんばせ》、あるいは人間の声・容貌・慣習は、多様性の中で調和しつつ(1)千通りにも変化《へんげ》するものであるが、しかし同時に、それらは一つの光と一つの論理、すなわち万物を統《す》べる神の摂理によって導かれている。したがって、公私の事柄に携わる者すべてにとっては、皇帝たる地位――それは世界に対しあなた様を、すなわち最も輝かしき栄光にして最も煌《きら》めく宝石を贈って下さった――、それこそが唯一の正義の導き手であり(2)、かつ正しき行いの模範なのである。それ故、私は、衷心よりお願い申し上げる次第です。我々の労苦の作――それに対する人々の評価は、構成と言葉使いの明澄さを欠いているため、各人の好みに応じて多様でしょうが――、それが、あなた様の輝かしき御慈悲の懐の中に受け入れられますことを。そして、その際にあなた様が、我々の愚かさではなく、最も深き恭順の意に御配慮いただきますことを。

序文が終わる

(1) 原語は *concordi discordia*。参照、第一巻九章注三六。
(2) 参照、ユウェンクス『福音書四巻』第二巻五七五行。

第三巻が始まる

一章　国王がいかにして息子のリーウドルフを後継国王に選んだか

王妃エディット逝去の後、国王は、愛情のすべてを唯一人の息子リーウドルフに注ぎ込んだ（九四六年）。そして、遺言書において彼を後継国王とすることを定めた。もっとも、当時この者はまだ未熟な若者で、一六歳にも満たなかったのである。

二章　ガリア遠征、国王と大公ユーグの争い、国王ルイ

さて、国王は、ガリアに向けての軍事遠征に出発した。軍隊が都市カンブレーの近郊に集結すると、シャルルの王国[3]に進攻すべく急いだが、その目的は、義弟のルイに対する不当な行いに報復するためであった。ユーグはこれを聞いた時、使者を遣わし、その父[4]——神と国王に対して逆らったが故に、はるか以前に死去していた——の魂にかけて誓約した。自らは、国王がそれまで見たこともない程の巨大な軍勢をもっているのだ、と。さらに嘲りの言葉を付け加え、

ザクセン人に対して、高慢にも虚勢を張ったのである。彼らは、戦《いくさ》を好まぬ者たちであって、ザクセン人の七本の投げ槍など一度で容易く呑み込むことが出来る、と。これに対して国王が与えた返答は、良く知られているところである。自らは、ユーグもその父もそれまで見たこともない程大量の麦藁の帽(5)をもっており、それを彼に見せてやらねばならぬ、と。実際のところ、とてつもなく強大な軍勢(6)は、三二個の軍団から成っており、その中には誰一人としていなかったのである、麦藁の帽を用いていない者は(7)。

ただし、コルヴァイ修道院長バーヴォとその三人の従者のみは、例外であった。このお方は、智恵のある高名な人物であったが、神は、彼を我々に示しただけで授けはしなかった(8)。曾祖父のバーヴォは、国王コンラートの御前で、ギリシア語の書簡を読み上げたことでその名が知られている(9)。かのお方の祖父はやはり同じ名前で、このお方はその孫を、年齢、あらゆる美徳、さらに智恵において凌駕していた。このお方はヴァリンの孫である(10)。彼は、戦士から修道士になった方で、規定に則って選ばれた新コルビー最初の修道院長である。驚嘆すべき敬虔さをもった人物で、自らの美徳と祝福された祈念を増大させるべく、ザクセンの地に貴重な宝物、すなわちかけがえのない殉教者ウィートゥスの聖遺物をもたらしたのであった(11)。

その後、ルイは解放されると国王の下に向かい、家来共々その軍隊に加わった。

（3）　参照、第二巻二六章注八六。
（4）　西フランク国王ロベール一世。参照、第一巻三〇章および注一三六。
（5）　「完結本」（C稿）では「茎で編まれた」に改訂された。
（6）　『第一マカベア記』六・四一。
（7）　以下のコルヴァイ修道院に関する一節は、マティルデに向けた「献呈本」（A稿）ではすべて削除され、前段末尾の「誰一人としていなかった」の前に「ほとんど」が補記された。「完結本」（C稿）では、「麦藁の帽を用いていない者は」以下が次のように改訂された。「そのような被り物を用いていない者は。ほんの僅かの例外を除けば。しかし、ユーグは国王の到来を知ると、恐怖心に襲われ、ルイを解放した」。
（8）　バーヴォ三世の在位期間は六年間に留まった（九四二—四八年）。
（9）　バーヴォ二世（在位九〇〇—一六年）。コンラートのコルヴァイ訪問は九一三年。
（10）　バーヴォ一世（八七九—九〇年）。ヴァリン（八三三？—五六年）。巻末のカロリング家系図を参照。
（11）　参照、第一巻三四章および注一六二。

## 三章　国王がいかにしてラン、さらにパリとランスの両都市に進攻したか

国王は、軍隊を率いてランに進攻し攻撃を加えた（九四六年）。そこからパリに軍を進め、ユーグを包囲したが、その折に殉教者ディオニュシウスへの祈念のため然るべき崇敬を捧げた。

軍隊は、そこからユーグの甥(12)がいる都市ランスに向かった（九月）。この者は、正当な司教(13)が存命であるにも拘わらず、あらゆる人道や天理に反して司教に選出されたのであった。国王は、この都市を武力で攻略し、不当に擁立された司教を追放し、正当な司教を教会とその座に復位させた(15)。

(12) フェルマンドワ伯エリベール二世（第一巻三九章）の息子ユーグ。ランス大司教在位九二五―三一、四〇―四六年。

(13) アルトー（在位九三一―六一年）。九四〇―四六年の間は、ユーグにより大司教の地位を追われていた。

(14) 参照、第一巻三九章注一九九。――ユーグは、選出当時まだ五歳にも満たなかった。

(15) ヴィドゥキントの叙述は正確ではない。国王はまずランスを制圧し、次にパリに向かった。ランス制圧は、国王軍による武力攻撃ではなく、大司教ユーグの側が自発的に明け渡したことによる。

## 四章　彼がいかにしてルーアンに進攻し、その後ザクセンに帰還したか

国王は、全軍の中から選り抜かれた戦士たちの一団(16)を集めると、そこからデーン人の都市ルーアンに進攻した。大打撃を与えたものの、難所の地形に加えて苛酷な冬が到来したため、

三か月の後、なすところなく無傷の軍隊と共にザクセンへと帰還した[17]。ランスとランの両都市は、彼が攻略したその他の都市と共に、国王ルイに引き渡された[18]。

(16) 参照、『列王記』上、二〇・二一。

(17) 国王がザクセンに帰還したのは、翌九四七年五月のことである。年末は、九四六年一一月から四七年一月の間フランクフルトに滞在していた。

(18) ヴィドゥキントの叙述は誇張であり、アーダルベルト『レーギノ年代記続編』九四六年の項も同じ誤りを犯している。ランがルイの手に復したのは三年後の九四九年のことであり、オットーが他の都市を攻略したとの事実は確認されない。

## 五章　ユーグがいかにしてシール川で国王の下に到来したか

さて、ユーグは、国王の権力とザクセン人の勇敢さを一度身をもって知ると、もはや国王を自らの領内に敵として立ち入らせることなく、むしろ自ら進んで彼の下に伺候した。すなわち、翌年に国王が同じ遠征に出陣した時、シールと呼ばれる川[19]の近くで迎えに出て、服従して国王の命令に基づき契約を結んだのである（九四七年八月初頭）。それから後は、役に立つ者であり続けた。

(19) マース川左岸の支流。

六章　国王の息子リーウドルフ、いかにして彼がイタリアに遠征したか

ところで、国王は、息子のリーウドルフが成年に達したのを見て、富と高貴さで知られた大公ヘルマンの娘イーダを妻として娶《めあわ》せた（九四七年末）。義父は、妻を得てから程なくして亡くなり（九四九年一二月一〇日）、大公位と共にすべての財産を彼に遺した。しかし、一度権力を手にすると、彼は、それまで若者として示していた穏健な性格を棄て、イタリアへの軍事遠征を企てたのである（九五一年春／夏）。同地で幾つかの都市を攻略し監視下に置くと、(20)フランケンへと帰還した。

(20) アーダルベルト『レーギノ年代記続編』九五一年の項によれば、リーウドルフは、「彼のあらゆる名誉と成功に嫉妬した」叔父のバイエルン大公ハインリヒの妨害に遭い、イタリアでは何ら成果を挙げることなく、マインツ大司教フリードリヒに伴われて帰還したとされる。

## 七章　ランゴバルト人の国王ベレンガーリオ

この頃、ランゴバルト地方では、粗野で貪欲な一人の男が権力を簒奪して統《す》べており、この者は、あらゆる権限を金のために売り渡していた。それがベレンガーリオである。[21]しかし、彼は、国王ルートヴィヒが後に遺した、比類なき賢明さを備えた王妃[22]の美徳を恐れたため、彼女を繰り返し弾圧することで、かかる光輝の飾りを消し去るか、あるいは少なくとも曇らせようと企図した。

(21)　イタリア国王ベレンガーリオ二世（在位九五〇―六一年）。
(22)　アーデルハイトの亡き夫は、〝ルートヴィヒ〟ではなく、イタリア国王ユーグ（後述一一章）の息子ロターリオ（在位九三一―五〇年）。

## 八章　いかにして国王がボレスラフに対して軍隊を率いたか

この頃、国王は、ベーメン人の国王[23]ボレスラフに向けての軍事遠征に出発した（九五〇年七月）。ボレスラフの息子[24]は、〝ノヴァ〟〔＝新〕と呼ばれる城塞[25]に閉じ込められ包囲されたが、それを攻略する段になって国王は、賢明な助言を入れて会戦を収束させた[26]。それは、戦士たちが敵から戦利品を略奪している間に、何らかの危険に陥るのを回避するためであった。こうして、国王の勇敢さと、数え切れないほど巨大な軍隊を目の当たりにしたボレスラフは、熟慮の末に城塞から出ることを決した。完全な滅亡を被るよりも、かくも偉大な大権に服することを良しとしたのである。旗の下に立って国王の話しを聞きかつ返答し、最終的には赦しを得た。国王は、完全なる勝利によって栄光を得ると、そこからザクセンへと帰還した。

（23）　正しくは大公。参照、第一巻三五章注一七四。なお、ボレスラフは、九四五／六年にオットーに人質を差し出しており（第二巻四〇章）、九五〇年の軍事遠征は、この間両者の関係が再び悪化していたことを示唆している。
（24）　父一世と同名の後年のベーメン大公ボレスラフ二世（在位九六七／七三？―九九年）。
（25）　プラハ東方、エルベ河畔のニンブルクと推定される。
（26）　参照、第一巻九章注五四。

# 九章　いかにして国王が王妃と結ばれ、それに立腹したリーウドルフがそこから立ち去ったか

前述の王妃の美徳は、国王には知られずにはいなかったので、彼は、ローマへの旅との口実の下に出発することを決意した（九五一年八／九月）。ランゴバルト地方に到達すると、自らに対する王妃の愛情を黄金の贈り物によって試そうと努めた。それが信頼に値することを確認した後、国王は彼女と結婚し、併せて国王の居所である都市パヴィーアをも手にした。(27) これを見た息子のリーウドルフは、立腹して国王の下を立ち去りザクセンへと向かった。暫時滞在したのは、陰謀の故に不吉な(28)ザールフェルトの地であった（一二月）。

（27）オットーは、アーデルハイトとの結婚（一〇月末／一一月）に先立ち、既にランゴバルト王国の旧都パヴィーアに滞在していた。

（28）参照、第二巻一五章。アーダルベルト『レーギノ年代記続編』九五二年の項：「大公リーウドルフはイタリアから帰還すると、降誕祭を国王の如き盛大さをもってザールフェルトで祝した。この場には、大司教フリードリヒ、および居合わせた王国の有力者すべてが参集した。この饗宴は、多くの人々によって早くも疑いの目で見られることとなった。同地で討議されたのは、有益ではなくむしろ破滅へと通じるこ

とではなかったか、と」。

## 一〇章　結婚式を祝した後に国王はザクセンに帰還し、和平を結ぶためにベレンガーリオが後に続いたこと

国王は、イタリアで国王の偉大さに相応しい結婚式を祝した後、新婚の輝きに包まれて出立し（九五二年二月）、次の復活祭を挙行すべくザクセンへと向かった。そして、そのことで故郷に歓びと大いなる恩顧を与えたのである。パヴィーアに対する監視は、守備隊と共に大公コンラートに委ねられた。国王ベレンガーリオは、大公に説得され、和平を締結してすべての命令に従うべく、国王の後を追ってゲルマーニアへと向かった。彼が国王の都市の近くまで到来すると、都市の一マイル前で大公、伯、宮廷の第一人者たちによる出迎えを受けた。国王の如く歓待され、都市の中へと案内されたが、そこでは彼のために設けられた宿舎で待機するよう命じられた。[29]

ところが、国王に見《まみ》えることは、三日もの間認められなかった。このため、彼を連れて来たコンラートは気分を害したし、国王の息子のリーウドルフもまた感情を同じくした。両者は、

その原因について、国王の弟ハインリヒのかねてよりの嫉妬心がそうさせたのではないかとの疑念を抱き[30]、彼を避けるようにした。ハインリヒの側では、この若者には母親の庇護が欠けていることを知り、軽視し始めた[31]。そして、ついには、若者に向けて罵倒の言葉を浴びせることさえ憚《はばか》らなくなったのである。

この間に国王は、もう一人の国王〔＝ベレンガーリオ〕と会見し、この者は、国王と王妃から恩顧を与えられ、服従の意志を表明した。そして、自発的な同盟を結ぶための日時が定められ、場所は都市アウクスブルクに決まった。

(29) マクデブルク。四月一八日の復活祭も同地で祝された。
(30) 参照、第二巻二八章注九〇。
(31) 参照、スエトニウス『ローマ皇帝伝』第二巻「アウグストゥス」九三章（邦訳一八九頁）。

## 一一章　都市アウクスブルクでの人民会議、さらに同地で起きた奇蹟

参加者が一同に会すると、ベレンガーリオ[32]は、両手で息子アーダルベルトの両手を包み込んだ（八月七日）。彼は、かつてユーグの前から逃走した時に国王に服従したことがあったが、

今や全軍の面前で誠実宣誓を更新し、自らと息子を国王に対する奉仕へと義務づけたのである。それから、退去を許され、恩顧と平和を得てイタリアへと帰還した。同地では、雷と凄まじい嵐の際、天から驚く程大きな雹の塊が降り、それを見た多くの人々に強烈な驚きを惹起するという出来事があった。

(32) イタリア国王ユーグ（在位九二六—四七年）。九四二年、当時イヴレーア辺境伯であったベレンガーリオは、オットーに庇護を求めたことがあった。

## 一二章　国王の子供たち(33)

さて、国王には最も輝かしき王妃との間に息子たちが誕生した。最初はハインリヒ、次いでブルーノ(34)、三人目は父君の名の権威を与えられたが(35)、全世界は、このお方を父に次ぐ支配者にして皇帝として待ち望んでいるのである。さらに、娘は、国王の神々しい母君の名をもって飾られたのであるが(36)、彼女について我々が何か述べるのは僭越であろう。彼女の名声はすべてを凌駕しており、我々が何か述べたり書き記したりすることは出来ないのだから。

(33) 本章は、第一巻三一章とパラレルな関係にある。オットーとマティルデに対する讃辞の一節は、「献呈本」（A稿）の作成時に新たに補筆された箇所と考えられる。Beumann, *Widukind von Korvei*, S.201f.

（34）いずれも早死にした。ハインリヒ（九五二年末／五三年初―五四年頃？）、ブルーノ（九五三年末／五四年初―五七年）。

（35）オットー（二世）の誕生は九五五年末と推定される。

（36）マティルデは、オットーに先立つ九五五年初頭に誕生したと推定される。Glocker, *Verwandten der Ottonen*, S.280f.

## 一三章　国王に対し企てられた陰謀

国王は、フランク人の地方と城塞を巡幸していた時、息子と義理の息子が彼に対し陰謀を企てているとの報せに接した（九五三年）。そのため、大司教が〔マインツへと〕呼び戻された。彼は、復活祭前の時期には、別の地で隠修士たちや修行者たちと共に厳格な生活を送ることを習慣としていたのであった。大司教は、国王をマインツへと迎え入れ、同地で暫時饗応を供した（三月）。息子と義理の息子は、邪悪な陰謀が露見したことを察知すると、司教の助言に従って嫌疑を晴らす機会を嘆願し、そしてそれを与えられた。両名は、確かに罪業の故に公然たる非難を浴びた。しかし、国王は、時と場所の危険な情勢を顧慮して、両者の主張[37]をすべて受け入れることとした。

（37）リーウドルフとコンラート側の主張について、アーダルベルト『レーギノ年代記続編』九五三年の項は、彼らが企図したのは、国王に対して叛旗を翻すことではなく、大公ハインリヒを復活祭に捕縛することであった、と伝えている。

## 一四章　復活祭の祝い

復活祭の祝いは（四月三日）、アーヘンで挙行される予定であったが[38]、国王は、同地ではそれに相応しい準備がなされていないことを確認した。彼は、母君によって歓喜と然るべき作法をもって遇され、フランケンでは失いかけていた国王としての名声を、故郷において本来の偉大さへと再び高めたのである[39]。

（38）アーダルベルト（前述一三章注三七）によれば、当初はインゲルハイムが予定されていた。

（39）国王はその後、ライン河を船で下ってケルンに向かい、復活祭は結局ドルトムントで祝した。

すなわち、彼は、友人たちと自らの民族が参集したことに鼓舞されて、かの契約を廃棄したのである。[40]それは強制によって結ばされたのだと言明したうえで、息子と義理の息子に対し、かかる罪業の首謀者たちを処罰のために差し出すよう命令した。さもなくば、両名を必ずや王国の敵と見なすであろう、と。大司教は、自らの意志があたかも平和と協調のために配慮することにあるかの如く、かつての契約のために執り成しをした。しかし、そのことで彼は、国王に対し疑念を抱かせることとなり、国王の友人たちと助言者たちの間では、まったく非難に値する存在となってしまった。

大司教に対して無分別に判断を下すことは、我々のなすべきことではあるまい。ただし、彼が昼夜の祈禱において卓越しており、喜捨の気前良さにおいて雅量に富み、説教の言葉において見事であること、これらのことを我々は認めるし、また沈黙すべきではないと考える。なお、提起された訴えについて裁きを下すのは、あくまでも主であらせられる。

（40）　参照、『イザヤ書』三三・八。――マインツの会見（前述一三章）の際に父子の間で結ばれた「契約

(*pactum*)」の具体的内容については、すべての史料が沈黙している。ハインリヒの排斥、リーウドルフの王位継承の保証、イタリア王国統治権をめぐるハインリヒとリーウドルフの利害調整、などが推測されている。

## 一六章　フリッツラーでの人民会議、伯ダダンとヴィルヘルム

問題は、この問いかなる解決も見出さなかったので、全人民の会議をフリッツラーと呼ばれる王宮で開催し、それについて協議することが命じられた。国王の弟のハインリヒは、そこに到着すると、直ちに数多くの重大な訴えを大司教に向け浴びせかけた。このため大司教は、国王とほぼ全軍の不興を買うこととなった。それは、陳述の後に、彼らがこの者は完全に罪有りと判断したからである(41)。国王は、これまでの侮辱について立腹し、加えて大いに卓越した者たち、すなわちかつて彼にとって親愛でビルテンの戦いで忠誠を尽くした者たちを、弟に委ねて追放刑へと処した。彼らは、訴えられた時に申し開きを試みたが、嫌疑を十分に晴らすことが出来なかったのである(42)。その出自はテューリンゲン人、地位は伯で、名はダダンとヴィルヘルムであった。この件で、かの罪業の共犯者多数は、ひどく恐れをなすことになった。会議が散

会となり多くの人々が退去すると、国王は東の地方へと赴いた(43)。

(41) 国王証書からは、大司教フリードリヒが兼任する書記局長の職を免じられたことが確認される。コンラートもこの時、ロートリンゲン大公の地位を剥奪されたと考えられる。

(42) 参照、第二巻一八章。ヴィルヘルムは、南テューリンゲン地方の伯(九六三年歿)。

(43) ヴィドゥキントは記していないが、国王はフリッツラーからケルンに向かい、同地でロートリンゲン人貴族と対応を協議した後、ザクセンに帰還した。

## 一七章　大公コンラートに対するロートリンゲン人の戦い

さて、ロートリンゲン人は、大公コンラートが国王の不興を買ったことを知ると、彼に対して武器を取った。彼らは、かねてより敵対的であったが、それは、コンラートがこの者たちの意図に反して大公権を行使したからである。しかしながら、大公は動じる様子なく(44)、獅子の如き豪気をもって旗を敵旗に向け(45)、驚くべき程数多くの者たちを自らの手で倒した。この会戦で喪った友人、すなわちエーベルハルトの息子のコンラートが流した(46)血の故に、獰猛《どうもう》な野獣の如く激怒したのであった。最も勇敢な彼には、剛勇の戦士たちの一団がこの時味方についていたが、敵勢には常に新たな兵が動員されたため、戦闘は昼から夕方に至るまで長く続くことになった。会戦を終わらせたのは夜であり、勝利を喜ぶ者は誰一人としていなかった。

（44）参照、ウェルギリウス『アエネーイス』第一〇歌七七〇行（邦訳四八九頁）。

（45）参照、ルーカーヌス『パルサリア』第一巻六─七行（邦訳一七頁）。

（46）不詳であるが、父が〝フランケン大公〟エーベルハルトである可能性は否定されている。──名を明言されていない〝敵〟とは、ヘンネガウ（エノー）伯のレギナール三世（九七三年歿）、戦場はマース川地方。

## 一八章　マインツの包囲、ハインリヒとリーウドルフの争い

国王は、息子と義理の息子を相手に武器をもって戦うべく、（九五三年）七月一日頃に軍隊を率いて出陣した。彼は、行く手にある敵方の城塞を武力で攻略するか、降伏によって手に入れ、ついにマインツにまで到達した。同地を息子は、軍隊をもって占拠し、ここで父が到来する時を──口にするのもおぞましきことに！──武装して待ち受けていたのである。そこで開始された戦闘は、内戦やあらゆる災難にもまして(47)悲惨なものとなった。数多くの機械が市壁近くに据えられたが、しかし、市民たちによって破壊されるか焼かれた。市門の前では戦闘が頻繁に繰り返されたものの、哨兵が外から放逐されることは稀であった。人々は、外では王国の

統治者を、内ではその後継者を恐れており、躊躇の故に万事に決着がつくことはなかったのである。

かくして、包囲戦がほぼ六〇日もの長きに及んだ時、和平交渉が開始された（九月初頭頃）。そのために、国王の従兄弟のエクベルト(48)が、人質として城塞内に送り込まれた。〔国王軍側の〕陣地へ向かう者に安全な通行を保証することで、自らの罪について申し開きをし、平和と協調について協議するためである。息子と義理の息子は、陣地に到来すると、父の足下にひれ伏して述べた。罪業については、すべての責を負う覚悟が出来ている、ただし、友人たちと支援者たちが誠意をもって受け入れられ、今後いかなる不幸も被ることがないのであるならば、と。これに対し、国王は、息子に相応しい罰を科すことを決断出来なかったので、陰謀の支持者たちを差し出すよう要求した。しかし、両名は、相互の誓約に基づく義務を負っており、旧敵の術策によっても縛られていたので、これを受け入れる意志はまったくなかった。

この間、陣地では大きな歓喜の渦が広まっていた。もし両名に国王のすべての命令に服す意志がなかったならば、市外へと出てきたりはしなかったはずだ、という噂が陣地から周囲に飛び交ったからである。だが、この希望は空しく潰えることとなった。両名が国王の命に従うことを拒むと、ハインリヒは、若者〔＝リーウドルフ〕に激怒したからである。

「汝は」、彼は言い放った。「繰り返し言い張っている、余の主人たる国王に抗《あらが》うことなど一切したことはない、と。ならば見よ、全軍は承知しているのだ、汝が王位の簒奪者であり、支配権を不当に掌握せんとする者であることを。もし余が罪有りとして訴えられ、そして、もし余が処罰されるべきであるとするならば、何故《なにゆえ》に汝は、この余に向けて軍団を率いようとはしないのか？　余に向けて旗を取るがよい！」。それから彼は、地面の藁《わら》を取り上げた。「これ程の値さえ無いのだ」、彼は続けた。「汝が余と余の権力から奪い取ることの出来るものなど。何が汝をそのように仕向けたのだ、そんなざまで、汝の父を悩ますなどということを？　汝が汝の主人にして父に向かって反抗するということは、最高の神の権威に向かって抗《あらが》うことを意味するのだ。もし、汝にまだ理解するだけの力、あるいはその能力があるのならば、汝の憤怒を余に向けて吐き出すのだ。余は汝の怒りなど恐れはせぬのだから」。

　これに対し、若者は無言のまま返答しなかった。国王の言葉を聞いた後、彼は、配下の者たちと共に市内へと再び戻っていった。(49)

(47)　参照、ルーカーヌス『パルサリア』第一巻一行（邦訳一七頁）。

(48)　エクベルトとその兄ヴィヒマン（〝若〟、後述二三章）の兄弟は、王妃マティルデの姉妹ビアが嫁いだヴィヒマン（第二巻四、一一章）の息子と推定される。Hlawitschka, *Die Ahnen der hochmittelalterlichen deutschen Könige*, Teil 2, S.701, S.708. 巻末のビルング家系図を参照。

（49）　コンラートから剥奪されたロートリンゲン大公の地位（前述一六章注四一）は、この時、同年七月にヴィクフリート（第二巻一章）の後任ケルン大司教に選出されたばかりの王弟ブルーノに与えられた（参照、第一巻三一章、第二巻三六章）。

## 一九章　国王の従兄弟エクベルト

人質として市内に送り込まれた国王の従兄弟エクベルトは、心を惑わす言葉に籠絡《ろうらく》され国王に背いた。かつて軽率な戦いをしたことを非難され──彼はその際に片眼を失ったのであった(50)──、それ以来国王に立腹していたからである。

（50）　ティートマル『年代記』では、「独眼」との異名で呼ばれている（第四巻一章）。

## 二〇章　バイエルン人がいかにしてリーウドルフと結託したか

交渉がおこなわれた日の次の夜、国王の弟に付き従っていたバイエルン人は離反し、リーウドルフに合流した。彼は、この者たちと共に出発し、レーゲンスブルクと呼ばれる国王の都市を、この地方の堅固に防備を施された他の城塞と併せて攻略した。そして、大公のすべての財貨を戦士たちに分け与え、叔父の妻(51)に対しては、子供たちや友人たちと共にこの都市を去るだけではなく、この地方そのものから立ち去るよう強制した。

我々が思うに、これらすべてのことは、神のなせる御業《みわざ》であった。それは、神が幾多の人民と民族の上に最も輝かしき国王として据えることを思し召した方に対し、教訓を与えるためであった。人間一人では不十分であるが、神によってならばすべてが可能である、ということを。

(51) ユーディト。参照、第二巻三六章注一一二。

## 二一章　アルヌルフとその兄弟たち、軍隊が解散を要求し実現したこと

ハインリヒに対してかかる策略を巡らしたのは、若きアルヌルフとその兄弟たちであった(52)。かの者が自らの父の分国の上に据えられたのに対し、この者自身は父の地位を奪われたからである(53)。さらに加えて、〔国王の〕軍隊は、長期に及ぶ労苦に疲弊していた。彼らは除隊を要求し、それは叶えられた。このため、国王は、僅かの手勢だけで息子をバイエルンに追うこととなった（九月末頃）。

(52) 参照、第二巻八章注二七。
(53) 参照、第二巻三六章。

## 二二章　国王について、そして多数の者たちが誠実に背いたこと

それというのも、彼自身は、若者の頃から大切に育てられた人間にしては信じられない程、苦難を耐え忍ぶ[54]ことが出来たからである。もっとも、多数の者たちが誠実に背いたので、国王の側を支援する者たちの数はごく限られていた。彼らの一人にアーダルベルト[55]という者がおり、他にはごく僅かの者がいるだけだった。

(54) 参照、サッルスティウス『カティリーナ』第五節（邦訳三九頁）。
(55) シュヴァーベンのマルヒタル伯。翌九五四年、アルヌルフとの戦闘で討ち死にした。

## 二三章　ザクセン軍のマインツ進攻

国王がマインツに対して戦闘を繰り広げていた頃、ヘルマンが大公としてザクセンを管轄し

ていた(56)。当初の軍隊を補強するために、ザクセンから新たな軍隊を派遣することになった時、その先頭に立ったのは、ティアドリヒと若きヴィヒマン(57)であった。ところが、フランク人との境界域に到達するやいなや、両者は、そこでリーウドルフと大公コンラートによって包囲され、ある荒れ果てた城塞へと追いつめられた。攻め手が彼らを襲撃せんと試みた時、軍旗手が門の前で投擲《とうてき》された木製の円盤によって片腕を失った。その結果、戦闘は止み、彼らがザクセンに帰還するための三日間の休戦が認められた。

(56) ヘルマンはこの時（＝九五三年）、「ザクセン大公」の地位を与えられたと考えられる。ただし、その性格（常設の官職としての「大公」、あるいは暫定的な国王代理職？）、権力の妥当領域（全ザクセン、あるいはエルベ川下流域）については議論がある。

(57) ティアドリヒはヘルマン・ビルングの親族で、ハルデンスレーベン伯家の始祖となった北テューリングガウの伯と考えられる（九八五年歿）。ヴィヒマンについては、前述一八章注四八を参照。

## 二四章　ティアドリヒとヴィヒマン

ティアドリヒは、リーウドルフの大胆な約束によって心を動かされたし、ヴィヒマンに至っては完全に背信してしまった(58)。そして、この者は、叔父を訴え、父の遺産の強奪者と宣言し、自らの宝物の盗人と呼ぶに至った。しかし、この方は、かの策略について十分に承知していたのである。その彼が、いかなる智恵と賢明さをもって、親族や公然たる敵たちに対して警戒していたか、それをすべて物語るのは難儀なことである。

(58) ヘルマン・ビルング。同名の父が死去した九四四年に、ヴィヒマンが既に成人に達していたか否かは不明である。――遺産相続をめぐる叔父と甥の法的関係については、九三八年のシュティーレの裁定(第二巻一〇章)を参照。

## 二五章　エクベルトとヴィヒマン、大公ヘルマン

エクベルトはヴィヒマンと手を組んだ。そして、両者は、結束して大公に対し蜂起し、彼に平穏の時を与えることはなかった。しかし、彼は、気高い忍耐心をもって若者たちの狂暴さを和らげ、国王の不在中にこの地方で混乱が増大することのないよう警戒した。

## 二六章　国王のバイエルン到来

国王が突如として到来した後、バイエルン人は和平に転じることなく、かといって敢えて交戦する意志も持ち合わせてはいなかった。むしろ、彼らは、市壁の中に立て籠もって〔国王の〕軍隊に多大な苦痛を与えた。しかし、それは同時に彼ら自身の地方に荒廃をもたらす結果となった。なぜならば、事態が進展しないため、軍隊はすべてを破壊し、人の命以外のいかなるものをも容赦しなかったからである。

## 二七章　司教フリードリヒと他の司教たち

この間、大司教は、自らが述べたように(59)、国王に対する恐れから司教の職を辞し、隠修士たちと共に修行生活を送っていた。バイエルンでも、他の司教たちが、二つの党派のいずれを支持するか少なからず逡巡していた。時には国王を支援し、時には他方の党派を助けたのであるが、それは、危険なしに国王と袂を分かつことも、自らの損失なしに彼に与し続けることも出来なかったからである。
（59） 参照、後述三二章。フリードリヒはこの間マインツを離れ、事の成り行きを見守るために、夏を通じてブライザッハ――「神と国王に対する反乱者たちが常に集う巣窟」（アーダルベルト『レーギノ年代記続編』九五三年の項、参照、第二巻二四章）――に滞在していた。

## 二八章　国王がいかにしてなすところなくザクセンへと帰還したか

マインツから退いて以来、かの地方でまる三か月の月日が経過した。国王はついに（九五四年）一月一日頃、なすところなくザクセンへと帰還した。[60] それに先立ち、彼は、高貴にして傑出した能力を有する男たち二人、[61] すなわちインメートとマインヴェルクを喪っていた。[62] 両者とも投槍に当たって斃れた。一人はマインツで、もう一人はバイエルンへと向かう途次であった。

（60） アーダルベルト『レーギノ年代記続編』九五三年の項によれば、国王は九五三年末の降誕祭をザクセンで祝している。
（61） 参照、『使徒行伝』一五・二六。
（62） いずれも、王妃マティルデの親族と推定され、戦死したのはマインヴェルクが九月二七日、インメートは一〇月一二日である。Althoff, *Adels- und Königsfamilien im Spiegel ihrer Memorialüberlieferung*, S.417f.

## 二九章　ヘルマンと甥たちの間の争い

ヘルマンとその甥たち[63]が国王の御前で申し開きをした時、正義に忠実な者たち[64]は皆、大公の判断を賞賛し、若者たちに懲罰を与えることを支持した。しかし、彼らを愛する国王は思い遣り、ヴィヒマンのみを王宮内で戦士として拘留することとした。

(63) ヴィヒマンとエクベルト。ここで一旦中断した物語は、五〇章で再開される。
(64) 参照、ホラティウス『歌集』第三巻第三歌一行（邦訳三九〇頁）。ユウェナーリス『諷刺詩』第八歌二四行（邦訳二〇七頁）。

## 三〇章　アヴァール人がバイエルン人と結託したものの、国王が強大な軍隊で立ち向かったこと

この間、国王は、アヴァール人がバイエルンに侵入したとの報せを聞いた。敵方と連携しつつ、彼を正面切っての戦闘へと誘き出すことを目論んでいる、というのである。ところが、彼

は、かかる苦難の時にあっても何ら動じる様子なく、(65)自らが神の恩寵によって主人にして国王たる者であることを、決して忘れはしなかった。むしろ、巨大な軍隊を召集し、野蛮な敵に向かって出陣したのであった。

ところが、彼らは、国王を避け、リーウドルフから案内人を得た後にフランケン全土を駆けめぐり、激烈な攻撃を加えた。(66)それは当初、彼らの友人たちに向けられた。〔国王の〕敵方に属するエルヌストという名の者が有する、千名以上もの領民を捕らえ連行したのである。攻撃は次に、その他の者たちにも向けられたが、それを述べることは、およそ信じ難い程のものである。(67)復活祭前の日曜日にはヴォルムスで、彼らに対し公然と奉仕がなされ、金銀の贈り物多数が提供された（三月一九日）。彼らは、そこからガリアへと進み、別の経路を通って故郷へと帰還した。(68)

（65）参照、前述一七章注四四。

（66）ズァラフェルトの伯と推定される。

（67）参照、オウィディウス『変身物語』第七巻一六六行（邦訳二六七頁）。

（68）アーダルベルト『レーギノ年代記続編』（九五四年の項）他の史料によれば、イタリア経由で帰還した。

## 三一章　バイエルン人が戦いに疲れ、和平交渉をおこなったこと

バイエルン人は、王国の軍隊およびよそ者の軍隊によって疲弊し——なぜならば、ハンガリー人が引き上げた後、国王軍によって攻撃されたからである——、和平交渉をすることを余儀なくされた。その結果、六月一六日まで平和が認められ、また、釈明をおこない返答を受け取る場所としてランゲンツェン(69)が指定された。

(69)　ニュルンベルクの北西。

## 三二章　ランゲンツェンの国王会議

すべての人民が取り決められた場所に集結した時、国王は演説をおこなった。「耐え忍ぶ所存である」、彼は述べた。「もし余の息子と他の反乱者たちの憤慨が、余一人だけを苛《さいな》むものであって、すべてのキリスト教徒の人民をかき乱すのでないならば。彼らが、余の親族や最愛の従者たちの血だけでは満足せず、余の城塞に盗賊の如く侵入し、諸地方を余の支配権から強奪

したこと、それはまだ我慢出来る。さらに見よ、余は子供たちを奪われ、息子たちなしで[70]ここに坐しておるのだ。余は、自らの息子を最も忌むべき敵としてもっているのだ。余が最も愛し、取るに足らない身分から最高の地位、最高の名誉へと登用した者[71]〔＝コンラート〕、その者は、余の唯一人の息子を余に背かせたのだ。だが、これもまだしも堪《こら》えることが出来なくはない——もし、神と人間の敵をこの問題に引き込まないというのであるならば。しかしながら、彼らが為したこと、それはまさに余の王国を荒廃させ、人民を捕らえあるいは殺害し、城塞を破壊し、教会に火を放ち、聖職者を絞め殺すことであった。街路は今もなお、流された血で濡れそぼっておる[72]。余が息子と義理の息子を富ませた、その余の金銀を、キリストの敵は故郷へと持ち去っていったのだ。一体これに勝るいかなる罪業、いかなる裏切りが今なお残されているというのか、余はもはや思いを巡らすことは出来ない」。このように述べ終わると、国王は押し黙った。

ハインリヒは、国王の考えを賞賛し、付け加えた。二度に亘る戦《いくさ》で打ち負かされた敵方が、悪意ある最も恥ずべき仕方で買収され、その結果、害悪を加える術《すべ》を再び彼らに与えてしまったのである。共通の敵と手を組むくらいならば、むしろ、それがいかなる損害であれ、いかなる労苦であれ、熟慮の後に耐える覚悟である、と。

このように述べ終わると、リーウドルフが前に進み出て述べた。「私は告白する。私の下に連れて来られた者たちに金を払い、私と私に服従する者たちに対し、いかなる害も加えぬとの約束を得たことを。もし、私がこのことで罪有りと言い渡されるのであるならば、すべての人民は知るべきである。私がこれをなしたのは、自ら望んでではなく、最悪の苦境に追いつめられ、やむなくのことであった、ということを」。

最後に、大司教が釈明のために登場した。彼は、国王が命じたいかなる審理であれ、それを通じて潔白を明らかにすることを約束した。自身は、国王に反抗することなど決して考えたことはないし、それを望んでも実行してもいない。ただひたすら恐怖心に駆られて、国王の下を去ったのであって、それは国王が憤慨していることに気付いたからである。無実であるにも拘わらず、自らは、ひどく悪意のある訴えによって罪を着せられている。今後は、あらゆる可能な限りの誓約を通じて、誠実を遵守する心積もりである、と。

これに対し、国王は応じた。「余が汝に求めているのは、誓約などではない。そうではなく、むしろ、平和と協調を目指す余の努力に対し、汝が可能な限りの助力を提供することなのだ」。

国王はこのように述べると、大司教が信頼と平和のうちに退去することを許した。

（70）　九五四年六月の時点では、ハインリヒはともかく、少なくともブルーノはなお生存しており（前述一二章注三四）、この発言は純粋に修辞的な表現である。
（71）参照、スエトニウス『ローマ皇帝伝』第一巻「カエサル」七二章（邦訳七三頁）。
（72）参照、ウェルギリウス『アエネーイス』第一二歌六九一行（邦訳五九六頁）。

三三章　司教フリードリヒと大公コンラート

大司教は大公コンラートと共に、若者に対し、父に服従しその裁きに進んで身を委ねるよう説得した。しかしながら、その心を変えることは出来なかった。そこで、二人は彼から離れ、神と国王の側に与することとした。

三四章　リーウドルフが立腹して父の下を立ち去り、国王は彼を追跡したこと

次の日の夜、リーウドルフは、配下の者たちと共に国王の下を立ち去り、軍隊を率いて都市レーゲンスブルクに到来した（六月一七日？）。国王は息子を追跡し、ロスタール[73]と呼ばれる城塞に行き着くと、それを包囲した。

(73)　ニュルンベルクの南東。

## 三五章　ロスタール近郊の戦闘

事態は戦闘に至った。城壁をめぐる戦いは、いかなる人もこれまで見たことがない程、苛烈を極めた。双方の側で多くの者が斃れ、さらに多数の者が傷を負った。会戦が収束したのは、夜の闇が降りたからである。(74) 勝敗がつかないまま多大な損失という結果になったものの、軍隊は翌朝、さらに先に軍を進めた。もっと重要なことを目指す者たちにとって、この地にこれ以上留まることは得策ではないと思われたからである。

(74)　参照、第一巻九章注五四、前述八章注二六。

## 三六章　都市レーゲンスブルクの包囲

そこからレーゲンスブルクまでの行軍は、三日間続いた（六月二〇日頃）。そこで陣地としてある場所を占拠し、周辺に防備を施した。それから、都市の包囲が慎重に開始された。しかし、〔籠城側の〕大軍は、市壁近くに機械が据えられることを見過ごせなかったので、市壁をめぐって時折双方の側から激しい戦闘が繰り広げられた。包囲戦が長期化するにつれ、籠城側の者たちは、一撃をもって一挙に決着をつけることを余儀なくされた。すなわち、彼らの考えは、追いつめられた場合に飢餓で苦しめられることは、戦闘で勇敢に戦って死ぬことよりも下劣である、というものであった。そこで、次の命令が出された。騎兵は、あたかも陣地に攻撃を仕掛けるかの如く、西の市門を開いて打って出ること(75)。他の者たちは船に乗り、騎兵が交戦している間に、武装した兵たちが立ち去った後の陣地に対し、都市に沿って流れる川から襲撃を仕掛けること、と。

都市の住民たちは、鐘の音を合図に集結し、この命令を実行に移した。ところが、この手筈は、〔包囲側の〕陣地でも既に知るところとなっていた。そのため、彼らもまた、躊躇せず直ちに武装した。この間、騎兵たちは出撃に際し遅れを来たし、船団は都市から遠くへと流されてしまった。彼らは船から飛び込み、陣地を目指して襲いかかった。しかし、そこで武装した兵たちと遭遇すると、狼狽して逃走を考えたものの、周りを包囲されて殺害された。他の者たちは、船へと急いだが、恐怖心に駆られて道を誤り、川に呑み込まれてしまった。また他の者たちは、船に大挙して押しかけたため、水中に沈んでしまった。この結果、多数の者たちの中で生き残った者は、ほとんどいない有様であった。騎兵たちは、〔包囲側の〕騎兵たちによって消耗させられ、打ち負かされ、多くの負傷者共々市内に追い込まれたのであった。

国王の軍隊は、勝利者として陣地に帰還した。致命の傷を負った者は、市門の前で打撃された僅かに一名のみであり、彼らはこの者も一緒に運んできた。[76] 都市の家畜すべては、レーゲン川とドーナウ河の間に位置する、草の豊かな場所に移されていたが、国王の弟ハインリヒによって捕らえられ、仲間たちの間で分け与えられた。都市の住民たちは、度重なる交戦に疲れ果て、今や飢餓の危険に晒されることになった。

(75) 参照、サッルスティウス『ユグルタ戦記』第九九節。
(76) 参照、ウェルギリウス『アエネーイス』第九歌五八〇行（邦訳四二八頁）。

## 三七章　リーウドルフは和平を要求したものの得なかったこと、アルヌルフの死

このためリーウドルフは、高貴な男たちと共に市外に出て来て和平を要求した。しかし、それを得ることはなかった。父に服従を拒んだからである。彼は市内に戻ると、戦《いくさ》においても数多くの勝利においても名を馳せた、ゲーロが包囲する東の市門目がけて突撃した。激しい戦闘

は、三時課から九時課まで続いた(77)（七月二二日）。市門前では一頭の馬が斃れたが、乗っていたのはアルヌルフであった。彼は、武器を剥がされ(78)、投げ槍に貫かれてその場で絶命した。その死は、当初は不確かだったものの、二日後、飢餓のため都市から逃げ出してきた一人の女によって初めて知らされた。彼の死の報せによって、都市の住民たちはひどく狼狽し、やがて和平を求めるようになった。

（77）不定時法のため地域と季節により異なるが、平均的には午前八時―午後三時の間。
（78）参照、ウェルギリウス『アエネーイス』第一一歌三九五行（邦訳五二三頁）。

三八章　リーウドルフに平和が与えられ、国王はザクセンに帰還したこと

まる一月半の間包囲された後、リーウドルフは、再び仲間たちと共に市外に出て来た（七月二〇日頃―八月初頭頃）。そして、君公の執り成しによって定められた日までの平和を得た。その日には、この問題について決定が下されることとされ、協議の場としてフリッツラーが選ばれた。その後、国王は故郷に帰還した。

## 三九章　ハインリヒの新市街への進攻

ところが、ハインリヒは新市街[79]を占拠した（八月中旬頃？）。翌日の夜、レーゲンスブルクはほぼ完全に焼け落ちた。

（79）バイエルン大公アルヌルフによって、レーゲンスブルクの西方に拡張された新市街を指す。

## 四〇章　国王がいかにしてその息子を慈悲深く受け入れたか

国王が狩猟の訓練のために〃スヴェルドゥン[80]〃と呼ばれる地に滞在していた時、息子が現れ、深い罪の意識に苛《さいな》まれて、父の前に素足でひれ伏した。悲しげな言葉によって彼は、最初は父を、次いでその場に居合わせた者全員を、落涙させずにはおかなかった。かくして、彼は、再び父の愛によって恩顧を与えられて服従し、すべてにおいて父の意志に叶うことを誓ったのである。

（80）*Suveldun*。ヴァイマル南方、イルム河畔のザウフェルト（今日のタンゲルシュテット）と推定される。

## 四一章　司教フリードリヒの最後

この間、大司教が重病であるとの報せが伝えられた。このため、国王集会は、少し先に日延べされた。大司教の最後（一〇月二五日）について、その場に居合わせた人々は、大いに賞賛すべきものとして讃歎した。(81) 司教の死後、全人民の会議が催された(82)（一二月一七日）。マインツは、一年半の歳月を経て、フランケン全土と共に国王の下に復することとなった。息子と義理の息子は、恩顧を与えられ、死の時まで誠実に役立ち続けた。

(81) アーダルベルト『レーギノ年代記続編』九五四年の項は、大司教の敬虔さへの讃辞に続けて、次の批判を加えている：「ただし、国王の敵の誰かがどこかで蜂起した時はいつも、彼が直ちに二番手として参加したことは、唯一叱責に値する」。

(82) 場所はエアフルト南方のアルンシュタット。反乱の最終的解決の場として開催され、リーウドルフはシュヴァーベン大公位を剥奪された。フリードリヒの後継マインツ大司教には、国王の息子のヴィルヘルム（後述七三章）が選出された。

## 四二章　ウクラー族がいかにしてゲーロによって征服されたか

この年、ウクラー族[(83)]と呼ばれるスラヴ人が、ゲーロによって見事な栄光をもって打ち負かされた。それは、国王の命で大公コンラートが援軍として送り込まれたからであった。莫大な戦利品が運び込まれ、ザクセンは大きな歓びに包まれた[(84)]。

（83）今日のブランデンブルク州北東からメックレンブルク・フォアポンメルン州にまたがるウッカー川流域地方に居住していたスラヴ系民族。
（84）この勝利は、四一章で述べられた（一二月一七日のアルンシュタットの）会議より以前の事件と推定される。

## 四三章　レーゲンスブルクが降伏し、国王がこの地を弟に返還したこと

国王は、次の復活祭（九五五年四月一五日）を弟と共に祝し、その後レーゲンスブルクに向け軍隊を率いた。そして、この都市を武器と機械で再び攻め立てたのである。ザクセン人の援

軍は欠けており、飢餓によって苦しめられたため、都市の住民たちは、市門から出て国王に対し都市と共に服従した。彼は、首領たちを追放刑に処したが、残りの大多数には赦しを与えた。そして、バイエルン地方全体を弟に返還した後、輝かしき勝利に包まれて帰還した。

（85） リーウドルフの家来を指す。反乱者としてシュヴァーベン大公位を剥奪された彼は、単なる〝ザクセン人〟と見なされた。

## 四四章　国王がフン人に対し収めた見事な勝利について

国王が七月初頭頃にザクセンに入ると、ハンガリー人の使節が中途で迎えに現れた。彼らは、あたかも旧来からの誠実と恩顧の故に、国王を訪問したかのそぶりであったが、実際には、一部の人々が推し量ったように、内戦の経過を偵察するのが目的であった。国王は、数日間彼らを身近に留め置かせ、その後若干の贈り物を付けて平和裏に送り出した。すると、弟のバイエルン人の大公の使者が来て、次の報せに接した。「警戒するように。ハンガリー人は、複数の軍団に分かれてあなた様の領土に侵攻し、あなた様と戦闘を開始することを企てているのですから」。このことを聞くと、国王は、これまでの戦闘でまるでいかなる労苦も負っていなかったかの如く、直ちに敵に向かって行軍を開始した。ただし、同行させたザクセン人の数は、極めて僅かであった。それは、スラヴ人との戦いが目前に迫っていたからである。

都市アウクスブルクの近郊に陣地を築くと、フランク人とバイエルン人の軍隊が合流した。大公コンラートも、強大な騎兵を率いて陣地に到来した。戦士たちは、その到着によって鼓舞され、もはやこれ以上戦闘を先延ばししないことを望んだ。彼は、その本性からして勇猛な性格で、しかもこうした勇猛な男には稀なことであるが、助言においても優れていたのである(86)。敵に向かう時は、騎乗してであれ徒歩であれ、戦場で彼に勝る者はなく、同僚たちからは、平時も戦時も愛されていた(87)。

かくして、双方の軍隊の偵察隊によって、もはや各々が互いに遠く離れてはいないことが伝えられた（八月九日）。陣地では断食が指示され、全員に対し翌日に向け戦闘態勢に入るよう命令が下された。夜が明け始めると起き上がり、互いに友誼を交わし、各人は、互いに助け合うことをまず最初に指揮官に対して、次いで仲間同士の間で誓約によって約束した(88)（八月一〇日）。それから、旗を高く掲げて陣地を出発したのだが、その数はおよそ八つの軍団に及んだ。軍隊は、歩くのに困難な荒れた地帯を選んで進んだ。槍を巧みに扱う術《すべ》を心得ている敵に対し、行軍を混乱に陥れる隙を与えないためであった。茂みが軍隊を覆い隠してくれたのである。

第一、第二、第三の軍団はバイエルン人から成っており、大公ハインリヒの指揮官たちが統轄した。彼自身は、戦闘には参加していなかったが、それはこの時病を患って死の床にあったからである。(89)第四の軍団を構成したのはフランク人で、その指揮官にして統率者は、大公コンラートであった。第五軍団は最大規模で、国王軍団とも呼ばれた。君主自身が指揮官で、密集した一団によって取り囲まれていた。側には総員数千名の戦士たちから選抜された者たちと、溌剌《はつらつ》とした若者たちを従え、前には勝利をもたらす天使を配していた。(90)第六および第七の軍団は、シュヴァーベン人から構成された。統轄する大公ブルヒャルト(91)は、国王の弟の娘と結婚していた。第八の軍団には、選り抜きの千名のベーメン人の戦士たちがいた。彼らが装備していたのは、幸運ではなく武器であった。ここには荷物と輜重《しちょう》のすべてが集められた。最後尾が最も安全であると思われたからである。

しかしながら、事態は思惑とは異なる結果となった。(92)ハンガリー人は、躊躇することなくレヒ川を渡河して軍隊を包囲すると、最後尾の軍団を投げ槍で攪乱させ始めたのである。続けざまに彼らは、大きな叫び声を挙げながら攻撃を仕掛け、殺害と捕縛を繰り返した後、すべての荷物を奪い取り、この軍団の残りの武装兵に逃走を余儀なくさせたのである。同じように、第七および第六の軍団も攻撃を受けた。多数が大地に打ち倒されるか、あるいは逃走へと追いやられた。国王は、戦闘が不利な状況下にあり、(93)背後では最後尾が危機的状況にあることに気付くと、大公を第四軍団と共に派遣した。大公は、捕虜たちを救出し戦利品を取り戻すと、略奪中の敵の部隊を蹴散らした。さらに、他の至る所で略奪している敵の群れを打ち倒した後、大公コンラートは、勝利の旗をもって国王の下に帰参した。驚くべきことに、戦勝の栄誉に慣れきった古参の戦士たちが躊躇《ためら》ったのに対して、彼は、戦《いくさ》にはほとんど不慣れな若者の戦士たちと共に、この勝利を勝ち取ったのであった。

(86)　参照、サッルスティウス『ユグルタ戦記』第七節。
(87)　讃辞の言葉は、第二巻三三章のそれと大きく重なる。
(88)　同様の叙述は、レダーリ族との戦い（第一巻三六章）に既に見えた。
(89)　参照、『列王記』下、一三・一四。――ハインリヒが死去したのは、三か月後の一一月一日。死因については、第二巻一七章注六三を参照。
(90)　大天使ミカエル。参照、第一巻三八章および注一九六。
(91)　シュヴァーベン大公ブルヒャルト三世（在位九五四―七三年）。ブルヒャルト二世（第一巻二七章）の息子で、前年末に罷免されたリーウドルフ（前述四一章注八二）の後任大公。その頃に迎えた妻は、バイエルン大公ハインリヒの娘ハトヴィヒ（九三八／四〇年頃―九九四年）。
(92)　参照、サッルスティウス『ユグルタ戦記』第七節。
(93)　参照、『第一マカベア記』九・四五。

## 四五章　スラヴ人に対するティアドリヒの戦い

これらのことがバイエルンで起きていた間、総督ティアドリヒ(94)は、勝ち負けを繰り返しつつ蛮族と戦っていた。ある時、蛮族の城塞の一つを攻略することを目指した彼は、敵を城門の入り口まで追跡し、城壁の中へと追い込み、城邑を占拠して焼き払った。そして、城壁の外にあるものすべては、捕獲されるか破壊された。火が消えた後、彼は帰還することにした。ところが、戦士たちの半数が、城塞に隣接する沼地を通り抜けようとした時、スラヴ人は気付いたのである。地形が難所のため、我々の側は、困難な状況に置かれており、戦闘のための場所も逃走する機会さえももっていないことに。そこで彼らは、帰還途中の者たちを、背後から大きな叫び声を挙げながら追いつめたのである。彼らはこのうち五〇人を殺害した。これに対し、我々の側は、恥ずべきことに恐れをなして逃げ出す始末であった。

(94)　参照、前述二三、二四章。

## 四六章　この間に出現した徴について

　この間、この事件のために、凄まじい怯えと国王とその軍隊への不安の念が、ザクセン全土を襲った。さらに、異常な徴《しるし》が、我々をおののかせた。多くの地で教会が激しい嵐によって揺さぶられ、それを見聞した人々は皆ひどく恐怖心に震えた。聖職者と修道女は、雷に打たれて命を落としたし、他にも多くのことがこの頃に起きた。それについては語るのもおぞましきことであり、(95)我々はそれ故、もはや触れないこととする。

　国王は、この甚だ重大な会戦(96)が、ひどく不利な状況下(97)で今や目前に迫っていることを看取した時、(98)仲間たちを励ますために演説をおこなった（八月一〇日）。「我々がかかる大いなる苦難の時にあって勇敢であらねばならぬこと、我が戦士たちよ、そのことは汝たち自身が見ている通りである。敵が彼方《かなた》ではなく眼前にいることを、汝たちは知っているのだから。これまで余は、汝たちの万全の軍隊と常に不敗の武器によって、見事に戦ってきたし、余の土地や王国の外であれ、いずこでも勝利を収めてきた。(99)今、余の土地と余の王国の内にあって、背を向けるなどということがどうしてありえようか？　余は承知している、彼らが勝《まさ》っていることを。だが、それは数においてなのであって、勇気と武器においてではない。彼らの大半が一切の武器を欠いていることは、十分に解っていることなのだ。そして、我々にとって何よりも最大の慰めとなるのは、彼らには神の御力が欠けているということなのだ。彼らを守っているのは、ただひたすら向こう見ずさにすぎないが、我々の側は、神の御加護への希望によって守られているのだ。我々は、ヨーロッパのほぼ全域を支配する者として、恥じ入らねばならぬであろう、仮に今敵に降伏などしたならば(100)。もし、我々の最後の時が近づいているのであるならば、我が戦士たちよ、敵に服して隷属の身で生き長らえるよりも、ましてや悪しき野獣の如く首を絞められて殺されるよりも、むしろ戦場で名誉をもって死のうではないか。余はもっと多くを語るであろう、我が戦士たちよ、もし言葉によって汝たちの勇気と精神の大胆さが高まるというのならば。しかし今は、言葉ではなく剣をもって、事を始めようではないか」。

このように述べると、彼は、盾と聖槍(101)を手に取って、自ら最初に馬を敵に向け、そのことで最も勇敢な戦士にして最高の命令者たる義務を同時に全うしたのである(102)。当初は、敵の中でも向こう見ずな者たちが抗《あらが》っていた。しかし、その後仲間たちが背を向けて逃げ出したのを見て茫然となり、我々の側の戦列に陥って(103)殺害された。その他の者たちの中でも、馬が疲弊した者たちは、近くの村々に入り込んだが、そこで武装した者たちに包囲され、家屋と共に焼き払われた。これ以外にも、近くの川に泳いで渡ろうとした者たちがいたが、対岸をよじ登ることが出来ないまま、川に押し流されて死んだ。

この日、陣地が攻略され、捕虜となっていた者たちは皆解放された。翌日、そして翌々日、残りの群れは、近隣の城塞から徹底的に討ち滅ぼされたので、生き延びた者はほぼ皆無であった。しかしながら、かくも獰猛《どうもう》な民族に対する勝利は、完全に無血なままでは済まなかったのである。(104)

(95)　参照、ウェルギリウス『アエネーイス』第四歌四五四行（邦訳一七一頁）。
(96)　参照、『サムエル記』上、三一・三。
(97)　参照、前述四四章注九三。
(98)　この一節の解釈については議論がある。ここでは、Bulst（第一巻四章注一三）S.189に従った。
(99)　以下、参照、『第二マカベア記』八・一六―二一：「マカベアは、自分の下に残った六千人を集めて、「敵に打ち倒されるな、我々に向かって押し寄せる不義の民らの数に心を留めるな。敵によって不法にも聖所に加えられた無礼と町に対する嘲りと暴虐、さらに古来の政体を破壊せられたことを心に留めて勇敢に戦え」と励ました。「彼らは、武器とはやる心とに頼っているが、我々は我々に襲いかかる者たちのみならず、全世界をもただ一言をもって滅ぼしたもう全能なる神を信頼しているのだ」。……この演説によって兵士たちを勇気づけ、律法と祖国のために死ぬ覚悟をさせると……」。
(100)　以下、参照、『第一マカベア記』三・五九：「「汝ら〔武具に〕身を固め、勇気を奮い起こし、我々と我々の聖所とを滅ぼそうと押し寄せてきたこれらの異邦人と朝早く戦う備えをなせ。我が民と聖所に禍が及ぶのを目にするよりは、戦って死んだ方が良い。しかし、天の御意《みこころ》のままになるであろう」。

(101) 参照、第一巻二五章、第二巻一七章注六〇。
(102) 参照、サッルスティウス『カティリーナ』第六〇節（邦訳一二七頁）。
(103) 参照、リウィウス『ローマ建国史』第一〇巻二〇章八節（邦訳一九六頁）。
(104) 参照、第一巻一一章注六三。

## 四七章　大公コンラートの死

すなわち、勇敢に戦った大公コンラートは、激闘に興奮し、かつまたこの日のひどく厳しい太陽の灼熱のせいもあって、身体《からだ》が燃えるように熱く感じた。そこで、(105)（鎧の）紐を緩めて風の臭いを嗅いだ(106)のだが、その時彼は、投げ槍に喉を貫かれて斃れたのであった。亡骸は、国王の命で名誉をもって身支度され、ヴォルムスへと運ばれた。精神と肉体のあらゆる優秀さにおいて偉大にして高名な男(107)は、すべてのフランク人の落涙と悲嘆の声に包まれつつ同地に埋葬された。

(105) 「献呈本」（A稿）のみに見える文言。

（106）参照、ウェルギリウス『農耕詩』第一歌三七六行（邦訳九八頁）。
（107）参照、サッルスティウス『カティリーナ』第五三節（邦訳一一七頁）。

## 四八章　アヴァール人の三人の指揮官

ハンガリー人の三人の指揮官が捕らえられ、大公ハインリヒの前に連れ出された。そして、それに相応しい恥ずべき死に方で罰せられた。縛り首による処刑であった。

## 四九章　国王の勝利

見事な勝利によって栄光に浴した国王は、軍隊によって「祖国の父にして皇帝」の歓呼を受けた(108)。続いて彼は、最高の神のためにすべての教会において、栄誉と相応しき讃歌を捧げるよう定めた。また、同じことを使者を通じて神々しい母君に託した。歓呼の渦と最高の歓喜に包まれて、勝利者としてザクセンに帰還すると、人民によって心からの歓迎を受けた。なぜならば、かかる見事な勝利は、二百年来このかた(109)、いかなる国王も享受したことがなかったからである。（彼の配下の者たちは、ハンガリー戦には参加しておらず、スラヴ人に対する戦闘のために取っておかれた[110]）。

（108）ほぼ同じ呼称は、第一巻三九章にも見えた。詳細は、巻末の「解説」二八二頁を参照。
（109）ヴィドゥキントの念頭にあるのは、トゥール＝ポワティエ間の戦い（七三二年）におけるイスラーム教徒に対するカール＝マルテルの勝利であろう。
（110）括弧内の一節は、「完結本」（C稿）では削除された。

## 五〇章　国王、そしてヴィヒマンの奸策

ヴィヒマンは、先に述べたように[111]、叔父に対して釈明することが出来なかったので、王宮内で拘留されていた（九五四年）。国王がバイエルンに遠征しようとした時[112]、彼は、病気を口実に同行することを拒絶した。そこで、皇帝によって想起させられた、父も母も喪った[113]彼を皇帝が息子たちの如く引き取り、相応しい教育を授け、父と同じ地位にまで就けたことを。そして、皇帝は、そうでなくとも既に数多くの心配の種を抱えているのだから、もはやこれ以上面倒をかけることのないよう要請したのである。その後、これに対して何ら有益な返答を得ることの

ないまま、皇帝はその場を立ち去り、彼を伯イボーの監視下に委ねた。

この者の下で数日間を過ごした後、ヴィヒマンは、狩猟のため森に行く許しを請うた。そこには仲間たちが潜んでおり、彼らと合流すると故郷[114]へと向かった。そこで幾つかの城塞を占拠した後、エクベルトと手を組み、ついに皇帝に対して武器を取ったのである。しかし、大公ヘルマンの行動力は、彼らを容易く鎮圧し、エルベ川の向こうへと追いやった。その時彼らは、大公には太刀打ち出来ないと悟ったので、ザクセン人に対してかねてより敵対的な蛮族の二人の小王、すなわちナーコンとその弟[115]と結託することにしたのである。

（111）前述二九章。
（112）前述三一章で叙述された九五四年のバイエルン遠征を指す。
（113）父ヴィヒマンの歿年は九四四年。母ビアは九三六年以前に死去したと推定される。前述一八章注四八の文献を参照。
（114）父が伯職を有していたヴェーザー川下流地方と推定される。
（115）ナーコンはオボトリート族の君公で、メックレンブルクを本拠地とする。弟の名はストイネフ（後述五三章）。

# 五一章　軍隊がヴィヒマンを城塞〝スイトレイスクランヌ〟で取り逃がしたこと

大公によって率いられた軍隊は、彼らを〝スイトレイスクランヌ〟(116)と呼ばれる城塞で発見した（九五五年）。もし、彼らが何者かの叫び声によって警告を与えられ、武器に手を伸ばさなかったならば、城塞と共々ついに捕獲されていたはずである。それにも拘わらず、大公ヘルマンは、城門の前で四〇人の武装した者を殺害し、死人の装備を戦利品として得て退却した。大公を援護したのは、総督ハインリヒと弟のジークフリート(117)、および卓越した勇敢な男たちで、彼らは平時も戦時も最も優れた者たちであった。これらの事件が起きたのは、四旬節の始まりの時であった（三月初頭）。

(116) *Suithleiscranne*。エルベ川下流右岸地域に建つオボトリート族の城塞であることは確かだが、具体的な位置は不詳。

(117) 第一巻三六章で言及されたシュターデ伯リウタールの息子たちである。

# 五二章　いかにして〝コカレスケミ人〟の城塞が攻略されたか

しかしながら、蛮族は、続く復活祭（四月一五日）の後にこの地方〔＝ザクセン〕に侵攻した。彼らは、ヴィヒマンを指揮官とした。ただ、それはこの時の略奪行のためだけであって、支配者にした訳ではなかった。これに対し、大公ヘルマンも一時も躊躇《ためら》うことなく、即座に戦士たちの部隊を伴って現場に向かった。

ところが、大公は、敵の軍隊が強大であるのに対し、自軍は当時なお続いていた内戦のために極めて手薄であることを顧慮して、この危うい状況下では決戦を先延ばしにした方が良いと考えた。そして、他は安全とは思われぬため、ある城塞に群れをなして集結した大勢の人々に対して、たとえそれがいかなる契約であっても、和平のために尽力するよう命じたのである。もっとも、この決定について戦士たち、特に大変勇敢な軍人であったジークフリートは、大いに不満であった。だが、〝コカレスケミ人〟(118)は、大公が命じた通りにした。その結果、人々は、平和を得ることになったのだが、契約とは、自由人は妻子共々非武装で城壁の上に登り、すべての家財道具と隷属民は皆城塞の中央で敵の手に委ねられるべし、というものであった。

蛮族が城塞の内部に侵入した時、彼らの一人は、ある〔ザクセン人の〕自由人の男の妻が自分のかつての婢女《はしため》〔＝隷属民〕であることに気付いた。この女をその夫の手から奪い取ろうとした時、彼は拳《こぶし》で殴られた。そこで男は叫んだ。この契約は、ザクセン人の側によって破られたのだ、と。この結果、すべての者たちが殺戮に奔って誰をも容赦せず、大人を皆死滅させ[119]、母と子供たちを捕虜として連れ去る[120]、という事態になってしまったのである。

（118）*Cocarescemii*。エルベ川下流右岸地域のザクセン人支配下のスラヴ系住民であることは確かだが、詳細は不明。

（119）参照、第一巻三六章注一八五。

（120）参照、第一巻一一章注六一、三五章注一七三。

## 五三章　いかにして国王がかの殺戮に対し報復したか

かかる罪業に対して復讐することを望んだ皇帝は、ハンガリー人に対する勝利（八月一〇日）を成し遂げた後、蛮族の諸地方に敵意をもって進攻した。スラヴ人と共謀したザクセン人について協議がなされ、その結果、ヴィヒマンとエクベルトは、国家の敵と宣言された。ただし、他の者たちについては、仲間たちの元に戻る意志があるのならば、容赦されることとなった。蛮族の使者もまた現れ、同盟者としての通例の貢租を支払う用意があるが、ただし、その地方に対する支配権は保持するつもりであると伝えてきた。彼らは、かかる契約の下での平和を望んでいるのであって、さもなくば自由のために武器をもって戦う覚悟である、と。(121)皇帝は、これに対し返答した。彼らに対して平和を拒むものではないが、しかし、犯した不当な所業がそれに相応しい名誉と償いをもって贖《あがな》われない限り、いかなるものであれ、平和を認めることは決して出来ない、と。

そして、彼は軍隊を率いて、かの諸地方ですべてを荒廃させ焼き尽くしながら進み、ついに〝ラクサ川(122)〟に到達した。この川は、近くに沼地があり渡河するのが困難なため、陣地を築いたものの、敵によって包囲されてしまった。背後では（道が）(123)木の枝の逆茂木《さかもぎ》によって塞がれ、武装した一群の者たちによって占拠されていた。前方には川とそれに繋がる沼地、そしてスラヴ人が大軍と共におり、軍人たちの作戦遂行と行軍を阻止していた。軍隊は、これ以外の窮状に加え、病気さらに飢餓によって苦しめられていた。数日間この状態が続いた後、伯ゲーロがストイネフという名の蛮族の君公の下に遣わされ、皇帝に服従するよう要求した。そうすれば、今後彼を敵と見なすのではなく、友人として得る意向である、と。(124)

(121) 参照、第一巻九章注五三。

(122) *Raxa*。不詳であるが、メックレンブルクのレックニッツ川、プラウアー湖東方のレッケ川、グライフスヴァルト近郊のリック川が候補として提案されている。

(123) 「献呈本」(A稿)のみに見える文言。

(124) 第一巻二四章にもほぼ同じ記述がある。これは事実上調停による休戦の提案を意味する文言であるが、ゲーロは、次章に見るように国王の意図を無視するかの如く、敵方を激しく挑発し戦闘を誘発している。

## 五四章　総督ゲーロ

ゲーロはもとより、多くの優れた性質(125)を兼ね備えていた。歴戦の経験、国家の問題に関する良き助言、雄弁さ、豊かな智恵である。彼は、自らの賢明さを言葉ではなく、行動で示す類の男であった。獲得する時には実行力、贈り物を授ける時には気前良さを示したが、最も素晴らしいのは、神への崇拝に傾注する賞賛すべき情熱であった。

かくして、総督は、川とそれに隣接する沼地の向こうの蛮族に向かって、挨拶の言葉を贈った(一〇月一五日)。スラヴ人〔＝ストイネフ〕も、同じようにそれを返してきた。総督は、彼に対して語った。「汝たちには、それだけで十分であろう。余の主人たる国王に対して戦うのではなく、余の主人に仕える我々の誰か一人に対して戦いを挑むだけで。それを敢行するために、汝は、いかなる軍隊、いかなる武器を持っているというのか？　もし汝たちが幾分なりとも勇気を、手腕を、あるいは果敢さを持っているのならば、我々が汝たちのところに行くのを認めるが良い。あるいは、我々が汝たちをこちらへ来させても良い。そして一つの同じ場所にあって、戦う者たちの勇猛さを示したら良いではないか」。かのスラヴ人は、蛮族風に歯ぎしりをし、数多くの罵詈雑言《ばりぞうごん》をぶちまけた。彼はゲーロ、皇帝、そして全軍に向かって嘲ったのであるが、それというのも軍隊が幾多の困難に苛《さいな》まれていることを承知していたからである。ひどく激し易い性格のゲーロは、この言葉に憤慨した。「明日」、彼は言い放った。「明らかになるであろう、汝たち、すなわち汝と汝の人民が、はたして強き者であるか否かは。つまるところ、明日、我々が汝たちと激突している姿を、汝たちは疑いなく見ることになるであろう」。ところで、ゲーロは、既にかねてより数多くの輝かしき事績の故に、その名を馳せていたのだが、ウクラー族と呼ばれるスラヴ人に大いなる栄光をもって勝利したが故に、この当時はまさしく至る所で大いなる讃辞をもって賞賛されていたのである。

(126)(127)(128)

ゲーロは陣地に戻り、聞いたことを報告した。皇帝は、日が昇る前に起き上がると、矢と他の飛び道具を用いて戦闘へと誘発し、あたかも川と沼地を渡るかの如きそぶりを装うよう命じた（一〇月一六日）。前日の威嚇の後でこれ以外のことを予測していなかったスラヴ人も、やはり戦闘準備が出来ており、全力を尽くして渡河を阻止せんとした。ところが、ゲーロは、友好関係にあるリューゲン族(129)と共に陣地から一マイル程下り、敵が気付く間もなく大急ぎで三つの橋を作り上げた。そして皇帝に伝令を送り、全軍を呼び寄せたのである。蛮族はこれを見ると、各軍団を迎え撃つために急ぎ駆けつけた。しかし、蛮族の歩兵たちは、戦《いくさ》に取りかかるまでにかなり長い道程を疾駆しなければならず、疲労のため間もなく戦士たちの前から退却した。彼らは逃走に救いを求めたため、躊躇《ためら》うことなく殺害された。

(125) 参照、サッルスティウス『ユグルタ戦記』第二八節。
(126) 参照、サッルスティウス『カティリーナ』第五節（邦訳三九頁）。
(127) 参照、『第一マカベア記』二・四二。
(128) 前述四二章。
(129) バルト海に浮かぶリューゲン島の住民。

## 五五章　蛮族の国王ストイネフと彼を殺害した戦士

この間ストイネフは、高く聳える丘の上で、騎兵たちと共に戦闘の行く末を待ち受けていた。

仲間たちが逃げ出し始めたのを見ると、彼自らもまた逃走した。しかし、ホセドと呼ばれる戦士によって、ある森の中で二人の護衛と共に発見された。格闘に疲れ果てて武具を剥ぎ取られた挙げ句(130)、最後は首を刎ねられた。護衛の一人は生け捕りにされ、かの戦士によって小王の首と装備と共に皇帝の御前に引き出された。この手柄でホセドは、名声と褒美に与った。かかる見事な所行への報いとして、皇帝は二〇フーフェの土地から上がる収入を贈ったのである。

この日にはまた、敵の陣地も攻略され、多数の人間が殺されるか捕虜となった。殺戮は、深夜に至るまで続けられた。翌朝、小王の首は戦場に晒され、その周りでは七〇〇人の捕虜が首を刎ねられた（一〇月一七日）。かの者の側近たちは、眼を潰され、舌をくり抜かれたうえ、屍《しかばね》の中にそのまま放置された。しかしながら、ヴィヒマンとエクベルトは、姿をくらました。自らの罪業を自覚しつつガリアに向け脱出し、大公ユーグの下に逃走したのであった。

(130)　参照、オウィディウス『変身物語』第一二巻四三九行（邦訳一七八頁）。

## 五六章　国王が幾多の勝利によって栄光を得たこと

皇帝は、幾多の勝利によって栄光を得てその名が知れ渡ると、数多くの国王たちと諸民族の間に畏怖と好意の念を喚起した。このため、彼は、多数の使節を引見することとなった。すなわち、ローマ人、ギリシア人、サラセン人（九五六年初頭）の使節であり、彼らは、様々な贈り物をもたらした。金・銀製の容器、銅製で技巧豊かな驚くほどの種類の容器、ガラス・象牙製の容器、およそ考えられる限りあらゆる種類の絨毯《じゅうたん》、バルサム、各種香料、さらにザクセン人がこれまで一度も見たことのない動物、すなわちライオンと駱駝、猿と駝鳥。そして、周りを取り巻く全キリスト教世界は、彼に視線を向け希望を抱いたのである。(131)

(131) 参照、サッルスティウス『カティリーナ』第二一節（邦訳六三頁）。『ユグルタ戦記』第三三節。

## 五七章　リーウドルフが友人たちのために祖国を立ち去ったこと

皇帝の息子のリーウドルフは、祖国を立ち去った。それは、友人たちに誠実であることを望んだが故であり、一緒にイタリアに赴いたのである(132)（九五六年九／一〇月）。そこで彼は、ほぼ一年の歳月を過ごした。しかし、最後は亡くなり、その死によってフランク人の王国全体に大きな悲嘆を遺した（九五七年九月六日）。葬儀は、戦士たちによって相応しき名誉をもって執り行われた。亡骸は、イタリアからマインツへと移送され、殉教者アルバヌスの聖堂に、多くの人民の哀悼と悲嘆の声に包まれつつ埋葬された[133]。彼は、父の名前を授けられた息子[134]を一人後に遺した。

(132) イタリア遠征は、反抗的な国王ベレンガーリオを屈服させる目的で父から委任された任務であったが、リーウドルフは、自らの反乱に加担した友人たちに対し、その損失をこの遠征によって償うことを期待していた。

(133) 亡骸は、義兄のマインツ大司教ヴィルヘルム（後述七三章）の仲介で、マインツの市壁外に立つ聖アルバン修道院に埋葬された。

(134) オットー。九五四年に誕生。後継ぎを欠くブルヒャルト三世（前述四四章）の死後、シュヴァーベン大公になる（在位九七三―八二年）。

## 五八章　彼の死去を伝える書簡

その死去を伝える書簡は、当時レダーリ族との戦いのため軍事遠征中の皇帝の下に届けられた。彼は、息子の死に接し多くの、多くの涙を流した[135]。その他のことについては、彼の帝国をこれまで統《す》べてこられた、すべてを見そなわし給う神に確信をもって委ねた。

(135) 参照、『エステル記への付加（D）』一五・五（邦訳三二八頁）。

## 五九章　ヴィヒマンが密かにザクセンに舞い戻ったこと

この頃、ヴィヒマンは、ザクセンに軍人たちが不在であることを知ると、ガリアを出立して密かにザクセンに舞い戻った。家と妻を再び訪れた後、そこからまたよそ者たちの中に潜伏した。(136) しかし、エクベルトは、偉大な司教ブルーノの執り成しで恩顧を与えられた。

(136) 明記されてはいないが、前述五八章で言及されたレダーリ族と考えられる。Lübke, *Regesten*, Nr.106, S.146f.

## 六〇章　ヴィヒマンがいかにしてゲーロによって服従を受け入れられたか

ヴィヒマンに対して三度目(137)となる軍隊が動員された時（九五八年）、彼はついに、ゲーロとその息子(138)に恭順を受け入れてもらい、両者は、彼のために皇帝に執り成しをすることになった。その結果、ヴィヒマンは、皇帝の恩顧によって故郷と妻の世襲財産を再び享受出来る身となった。彼は、命ぜられることなく、(139) おぞましき誓約を皇帝に対して立てた。今後二度と再び、皇帝あるいは皇帝の王国に対して、助言によってであれ行動によってであれ、いかなる不当なことも決しておこなわない、と。かくして、誠実を宣誓した後に、彼は平和裏に退去することを許され、皇帝の見事な約束によって鼓舞されたのである。

(137) 前述五一、五三章（いずれも九五五年）。
(138) ジークフリート（九五九年歿）。妻ハトヴィヒ（一〇一四年歿）はヴィヒマンの妹。巻末のビルング家およびメールゼブルク伯家系図を参照。
(139) 「完結本」（C稿）では「命ぜられて」に改訂された。

## 六一章　衣服に現れた徴について

蛮族の殺戮が果たされたこの年[140]（九五八年）、不可思議なことが起きた。例えば、多くの人々の衣服に十字架の徴《しるし》が現れたのである。それを目にした人々の大半は、健全な畏怖心を抱くと同時に禍《わざわい》を恐れ、多くは自らの罪のために贖罪をなした。一部の人々は、それは癩《らい》病が衣服に残した瘢痕《はんこん》であると説明した。その後に癩病が、多数の人間を斃すという出来事が続いたからである。しかし、より賢明な者たちは、十字架の徴が救済と勝利の予兆であると告げた。

我々も、彼らに心から賛意を与えるものである。

（140）ウェルギリウス『アエネーイス』第九歌二四二行（邦訳四〇八頁）。

## 六二章　皇帝の病

この頃、皇帝自身もまた病に罹った。しかし、彼が絶えず誠実なる服従を示してきた諸聖人の功徳によって、とりわけ彼がその口を開いた高名な殉教者ウィートゥスの御加護によって[141]、病から回復した[142]。そして、暗闇の後の最も輝かしき太陽の如く、再び彼は、あらゆる誉れにして歓びとして世界に贈られたのである。

（141）『イザヤ書』五三・七、『使徒行伝』八・三二他多数。

（142）第二巻三五章で、ユーグからオットーに贈呈された黄金の留め金が、コルヴァイ修道院の祭壇に安置されていると述べられている。国王が同院に宝物を寄贈した動機は、この時の病気治癒の感謝の標しであったと考えられる。

# 六三章　国王の二度目の遠征

全フランケンとザクセンの、そして周囲に隣接する諸民族の問題を適切に処理した後、彼は、ローマに赴くことを決断し、ランゴバルト地方に向かった（九六一年）。さて、その後彼がいかにして(143)、ランゴバルト人の国王ベレンガーリオを二年間に亘り攻囲した後、妻と娘たち共々捕らえて追放に処したか(144)、ローマ人に二度の会戦で勝利してローマを攻略したか（九六四年）、いかにしてベネヴェント人の諸大公を服従させ(145)、カラーブリアとプーリアのギリシア人に打ち勝ったか(146)（九六七、六八年）、いかにしてザクセンで銀の鉱脈を開発したか(147)（九六五／六六年）、そして帝国を息子と共にいかに見事に拡大したか、それについて語ることは、我々の限られた力を超えるものである。この歴史書の冒頭で既に述べたように(148)、私は、力の及ぶ限り誠実な敬意を捧げる努力をした、ということで満足せねばならないのである(149)。

ところで(150)、あなた様の高貴と輝かしさ――それは父君と弟君の威厳が、あらゆる誉れにして我々にとっての慰めとして、祖国に対し与えられたものです――に対する大いなる恭順の意が、この卑しき作品の価値を些《いささ》かなりとも高めることになりますよう願う次第です。

しかしながら、内戦の終結は、　このささやかな書物の結びとなることでしょう。

(143) 参照、スルピキウス・セウェルス『聖マルティヌス伝』一〇章（邦訳八九九頁）。

(144) 九六三年にオットーがサン・マリノ近郊の城塞サン・レーオを包囲したのは半年足らずである。ただし、その前にベレンガーリオは、二年間籠城していた。

(145) ベレンガーリオと妻ヴィッラは九六三年に捕らわれ、バンベルクに追放された。

(146) 九六四年一月三日、六月二三日。

(147) コルヴァイ修道院におけるイタリア情勢に関する知識は、かなり不正確であった。参照、*Die Corveyer Annalen*, ad a. 963, .964, 968 S.117f. オットーは、第二次イタリア遠征（九六一—六五年）では南イタリアに遠征しておらず、第三次イタリア遠征（九六六—七二年）中の九六七年一—二月に初めてカープアとベネヴェントに滞在している。さらに翌六八年一—二月にもプーリア方面に向かう中途で両都市に軍を進め、その後バーリの包囲攻撃戦に着手した。その後の一一月に再開されたバーリの包囲攻撃やそれに続くカラーブリア遠征（後述七〇—七二章）について、ヴィドゥキントは当該箇所の執筆時点で知ることは出来なかったはずである。

(148) ゴスラー近郊のラメルスベルク鉱山。

(149) 第一巻一章を参照。

(150) 以下の皇女マティルデに向けた言明は、「献呈本」（A稿）の作成時に新たに補筆された箇所である。それに続く韻文形式の一文（*At finis civilis belli terminus sit libelli*）は、六四—六九章への橋渡しの役割を担っている。

## 六四章　ヴィヒマンがいかにして再び反乱を起こしたか

ヴィヒマンは、確かに再び故郷に戻ると平穏にしていたが、それは皇帝の到来を予期したからであった。ところが、その帰還が先延ばしになると（九六三年？）、ヴィヒマンは、北方の地方に赴き、デーン人の国王ハーラル(151)と再び戦《いくさ》を交えることを企んだ。だが、この者は次の提案を伝えてきた。もし、彼が大公かその他の君公の誰かを殺害したならば、二心なく同盟を結ぶ所存である。さもなくば、ヴィヒマンが不誠実に事をおこなったことに疑いの余地はない、と。しかし、この間、彼の略奪行為は、一人の旅の商人によって知れ渡るところとなった。仲間の者たちは捕らえられ、国家に敵対した者として大公により弾劾され、縛り首によって命を喪った。しかし、彼自身は弟(152)と共に辛うじて逃げ延びた。

(151)　ユトランド半島中央部を本拠地としたイェリング家出身のデンマーク国王ハーラル一世（〝青歯〟、在位九五八年？—八五年？）。
(152)　既にオットーに降伏したエクベルト（前述五九章）を指すか否かは不明。

## 六五章　デーン人がいかにして皆キリスト教徒になったか

デーン人は、古来よりキリスト教徒であったが、それにも拘わらず異教徒の儀式をもって偶像に仕え続けていた。ある時、饗宴の場で国王の御前において、神々の崇拝をめぐる論争が起きた（九六四／五年？）。その際、あるデーン人たちは、確かにキリストが神であることを認めはしたものの、しかし、他にもっと偉大な神々がいるはずで、これらは人間に対しより強力な徴《しるし》と奇蹟によってその存在を知らしめるのだ、と主張した。これに対して、ポッポー(153)という名の一人の聖職者――彼は、今日では司教として敬虔な日々を送っている――が反駁した。存在するのは、真の神たる父とそのひとり子、我々の主イエス・キリスト、そして聖霊のみであり、偶像は悪霊《デーモン》であって神々ではない、と。国王ハーラルは、聴くに早く語るに遅き人であったと伝えられているが(154)、その彼は、ポッポーに対し、自らの身体《からだ》を張ってその信仰の正しさを立証する覚悟があるかと尋ねた。この者は躊躇《ためら》うことなく、覚悟があると返答した。すると国王は、この聖職者を翌日まで監視するよう命じた。

翌朝になると、国王は、巨大な鉄の塊を火で熱せさせたうえで、かの聖職者に対し、カトリック信仰のために灼熱の鉄を運ぶよう命じた。キリストの証聖者は、当然の如く鉄を掴み、国王自らが指示した場所まで運んだ。彼は、全員の前で無傷の手を見せ、カトリック信仰の真実を皆に証明したのである。これを承けて、国王は改宗し、キリストを唯一の神として崇拝することを決した。そして、従属する諸民族に対しその偶像を破壊するよう命じ、それ以後、神の聖職者と奉仕者に対し相応しい敬意を表した。(155)

しかしながら、このこともまた、当然ながらあなた様の父君の功績に帰せられております。かの諸地方で教会と聖職者が大いに輝いているのは、その御尽力のお陰なのですから。

(153) 詳細は不明。デンマークの後世の史料はアールフス司教と見なしたが、ドイツ側の歴史叙述者は同名のシュレスヴィヒ司教（九九五年頃歿）と同一視した。
(154) 参照、「ヤコブの手紙」一・一九。
(155) 以下の皇女マティルデに向けた言明は、「献呈本」（A稿）の作成時に新たに補筆された箇所である。

## 六六章　ゲーロが誓約のためにヴィヒマンを立ち去らせたこと

かくして、伯ゲーロは、かつての誓約(156)を忘れることなく、ヴィヒマンが訴えられたのを見、罪人であると確信すると、蛮族から一度身請けした彼を、再び蛮族へと返した（九六三年）(157)。彼らによって快く受け入れられたヴィヒマンは、はるか彼方《かなた》で生活する蛮族と数度に及ぶ戦《いくさ》を交え苦しめた。その支配下に〝リキカヴィキ〟と呼ばれるスラヴ人を従えた国王ミェシコ(158)に対しては、二度に亘り勝利し、その兄弟を殺害して大量の戦利品を奪い取った。

(156) 前述六〇章。

(157) 「蛮族」とは、前述五九章と同じくレダーリ族を指すと考えられる。ヴィドゥキントは何も説明していないが、これは明らかに皇帝の意図に反する行動であった。オットーとゲーロの確執については、前述五三章注一二四を参照。この時ゲーロは、ポーランド大公ミェシコのオーデル川以西に向けた勢力拡張策を牽制することを意図していた。次章のラウジッツ遠征も同一文脈に位置する。Lübke, *Regesten*, Nr.122-123, S.168-171.

(158) ポーランド大公ミェシコ一世（九九二年歿）。〝リキカヴィキ（*licicaviki*）〟の指称対象については議論があるが、ミェシコの統治に服した臣民全体の名称と考えられる。Lübke, *Regesten*, Nr.122, S.168-170. なお、「ポーランド（*Polonia*）」、「ポーランド人（*Polani*）」という固有名が史料に初出するのは、一〇〇〇年頃のことである。

## 六七章　ゲーロがいかにしてラウジッツ族に勝利したか

この頃、総督ゲーロは、ラウジッツ族(159)と呼ばれるスラヴ人に絶大な力で勝利を収め、彼らを完全な隷属へと強いた。しかしながら、彼自身は大きな深傷《ふかで》を負った。さらに、極めて優れた男であった甥と、その他多数の貴族たちを喪う結果となった。

(159)　エルベ＝オーデル川中流域間に位置するニーダーラウジッツ地方に居住していたスラヴ系民族。ゲーロの勝利により、オーデル川以西に対するミェシコの影響力は大きく後退することになった。

## 六八章　二人の小王とヴィヒマン

大公ヘルマンには、二人の小王が従属していたが、両者は、各々の父から敵対関係を継承していた。一人はセリブール、もう一人はミスティヴォイという名であった。セリブールはヴァグーリ族を、ミスティヴォイはオボトリート族を支配していた(160)。双方とも相手を繰り返し訴えていたが、最終的には大公による審理の結果、セリブールに対し銀一五ポンドの支払いという処罰が下された。彼はこの非難に憤慨し、大公に対して武器を取ることを企てた（九六七年？）。

ただし、彼の戦力は十分ではなかったので、ヴィヒマンに使者を送り、大公と戦うための援軍を要請した。この者は、叔父に対して何か危害を加えること以上に壮快なことを考えることが出来なかったので、仲間たちと共に急いでスラヴ人の元に馳せ参じた。しかし、ヴィヒマンがある城塞[161]に入るや否や、直ちに敵〔＝オボトリート族〕によって取り囲まれ、攻撃を仕掛けられた。大公によって率いられた軍隊も、この城を包囲した。ところが、この間にヴィヒマンは、偶然か用心深さのためかは不明であるが、デーン人の援軍を連れて来るとのそぶりで、僅かの者たちと共に城塞を立ち去ってしまった。

それから数日が経過すると、〔ヴァグーリ族の〕軍人たちには食料が、役畜には餌が費えてしまった。一部の者たちは、かのスラヴ人〔＝セリブール〕は、本当に戦うのではなく、戦っている振りを装っているにすぎない、と主張した。子供の頃から千軍万馬[162]であるはずの男が、戦闘準備がかくも下手であるとはまったくもって信じられない。この契約は、大公が何とかして甥に勝利するために考案したのであり、そうすることで、〔甥が〕異教徒の間で完全に破滅するのではなく、ともかくも故郷で魂の救済を再び得ることを目論んでいるのだ、と。こうして、籠城軍は、飢餓と家畜の悪臭に苦しんだ末、城塞からの退却を余儀なくされた。

大公は、かのスラヴ人に対し、厳しい叱責の言葉を浴びせ、その不実と所業を非難した。これに対し、彼からは次の返答が与えられた。「汝は余に対して」、彼は尋ねた。「一体何をもって余の不実だといって非難するのだ？　見よ、汝も汝の主人たる皇帝さえも打ち勝つことの出来ぬ者たちが、余の不実のお陰で、無防備のまま汝の眼前に立っているではないか」。これに対し、大公は押し黙った。そして彼からその支配下にあった地方を剥奪し、以前から人質として得ていた彼の息子にすべての支配権と共に譲り与えた。ヴィヒマンの戦士たちには各種の罰を科し、城塞の戦利品は自らの戦士たちに分け与えた。さらに、人民に対しては、城塞の数多くの戦利品の中に見出された、鉄で鋳造された悪魔《サタン》の像を盛大な見せ物として提供し、勝利者として故郷に帰還した。

(160)　ホルシュタイン東部のヴァグーリ族と、メックレンブルク地方に勢力を張る東方のオボトリート族は隣人関係にあった。なお、ミスティヴォイは、オボトリート族の小王ナーコン（前述五〇章）の息子である。

(161)　（ホルシュタインの）オルデンブルクが有力視されている。

(162)　ウェルギリウス『アエネーイス』第九歌二〇一行（邦訳四〇五頁）。

# 六九章　ヴィヒマンの死

ヴィヒマンは、城塞が攻略され、仲間たちが敵の手に堕ちた(163)ことを聞くと、再び東方へと向きを変え、異教徒の元に向かった。〝ヴロイニ人(164)〟と呼ばれるスラヴ人と、皇帝の友人たるミェシコ相手にいかに戦うべきか協議したが、このことは、もとよりミェシコの知らぬところではなかった。彼は、義理の父(165)であるベーメン人の国王ボレスラフに使者を派遣し、二つの騎兵の部隊を得た。

さて、ヴィヒマンは、大公に向けて軍隊を率いた時、まず最初に歩兵を送り込んだ（九六七年九月二一日）。兵たちは、あらかじめ大公から、彼の前から少しずつ退却するようにとの命令を与えられていた。このため、ヴィヒマンは、自らの陣地から前方へと大きく引き出される結果となった。次いで大公は、騎兵に対しては背後から攻撃するよう命じ、退却中の者たちに対しては再び敵に向かっていくよう合図を与えた。

ヴィヒマンは前方と背後から追いつめられた時、逃走を図った。このため、仲間たちからその裏切りを非難される羽目となった。最初は我らを戦闘へと焚き付けておきながら、苦境に陥ると馬に信置いて(166)急ぎ逃げんとするのか、と。やむなく馬を棄て、徒歩で仲間たちと共に戦《いくさ》を始めると、彼は、甲冑に守られつつ一日中勇敢に戦い続けた。それから後、夜を徹して長い道程を武装したまま空腹に苦しみながら進んだ。翌朝、ほんの僅かの者たちと共に、疲労困憊の末にある農場に辿り着いた（九月二二日）。

ところが、敵の隊長たちは、彼を見つけ、その武器からして高位の人物であることを見破った。敵方に一体誰であるかと問われると、彼は告白した、自らはヴィヒマンである、と。かの者たちは、武器を置くよう要求したうえで、彼を無傷で主人に引き渡し、さらに主人を説得して彼を無事に皇帝に返させると約束した。ヴィヒマンは、自らが最悪の状況に陥ったことを悟ってはいたが、かつての高貴と勇敢さを忘れることなく(167)、かかる者たちに降伏することを拒絶した。ただ、ミェシコには自分のことを伝えるよう頼み込んだ。その前で武器を置き、彼に対して降伏すること、それが自分の望みである、と。

隊長たちがミェシコの下に駆けつけている間に、無数の者たちが群れをなしてヴィヒマンを取り囲み、激しく攻撃してきた。彼は、疲れを物ともせず敵の多数をなぎ倒したが、ついには剣を取って敵の首領格の者に手渡した。そして語った。「この剣を受けよ、そして、それを汝の主人に引き渡すのだ。主人は、それを勝利の標しとして手に取り、さらに友人である皇帝に送り届けるであろう。その時、皇帝は思い知ることになるであろう——自らが一人の敵の死を嘲笑《あざわら》うのか、あるいは一人の親族の死に涙するのか、を」。語り終えると、彼は、東の方角へと向き直り、残された力の限りを尽くして、先祖伝来の言葉で神に向けて祈りを捧げた。そして、幾多の不幸と悲嘆に満たされた魂を、万物の創造主の御慈悲に向けて吐き出した。(168) これがヴィヒマンの最後でした。そして、同じ運命をほぼ皆が辿ったのです、武器を取って皇帝(あなた様の父君)に抗《あらが》った者たちは。(169)

(163)「献呈本」(A稿)では「包囲された」に、「完結本」(C稿)では「襲撃された」に各々改訂された。
(164) *Vuloini*。オーデル川河口のバルト海に臨む交易地ヴォリン島のスラヴ系住民。
(165) ミェシコは、九六三年の敗北(前述六六章)から程なくして、ベーメン大公ボレスラフ一世の娘ドブラーヴァ(九七七年歿)を妻に迎え、併せてキリスト教に改宗していた。Lübke, *Regesten*, Nr.125, S.173f.
(166) ウェルギリウス『アエネーイス』第一〇歌一八一行(邦訳四五五頁)。
(167) 参照、第二巻三一章注九九。
(168) 以下の皇女マティルデに向けた言明は、「献呈本」(A稿)の作成時に新たに補筆された箇所である。
(169)「皇帝」に注記された「あなた様の父君」は、「献呈本」(A稿)のみに見える文言。A稿のテキストはここで終わる。続く七〇章以下は、九七三年の皇帝死去まで補筆された「修道院本」(B稿)、およびそれに一部改訂を加えた「完結本」(C稿)によって伝えられている。

## 七〇章　ヴィヒマンの武器を受け取った後、長らく皇帝の地位にあるオットーがザクセンに書簡を書き送ったこと

皇帝は、かくしてヴィヒマンの武器を受け取り、その死を確認した後、ザクセンの諸大公と総督たちに次の書簡を書き記した(170)（九六八年）。

「オットー、神の御意志により尊厳なる皇帝は、大公ヘルマン、ティアドリヒ(171)、および余の国家の他の総督たちへ多幸の言葉を送る。神の思し召しにより、我々の安寧とその他の万事は、清栄を極めている。ところで、コンスタンティノープル国王(172)の極めて高い地位にある使節たちが、余の下に来訪し、知るところによれば、切に平和を求めておる（九六七年一二月末／六八年一月初頭）。事態がいかなる方向に進むかはともかく、戦争という手段で我々に攻撃を仕掛ける意志は、神の思し召しによって、彼らは決して持ち合わせてはいない。もし、我々が意見の一致に至らなければ、彼らは、これまで有していた属州のプーリアとカラーブリアを、譲り渡さねばならないだろう。しかし、もし、彼らが我々の

望みに従うならば、我々は今年の夏、余の妃と余の同名の息子をフランケンに向けて送り出すことになるであろう。余自身は、フレネ[173]でサラセン人を討伐した後、神の護衛を得て帰路に就き、それから汝たちの元に帰る所存である。

加えて、レダーリ族が伝えられたような大敗北を喫したとしても、彼らが汝たちとの間にいかなる和平も持たぬことを余は欲する。汝たちは、彼らがいかに繰り返し誠実に背き、いかなる不当な所業を犯してきたか、そのことを承知しているであろうから。それ故、大公ヘルマン[174]とこの件を十分に協議し、彼らの滅亡によって汝たちの仕事に終わりをもたらすべく、全力を振り絞るのだ。余自身も、必要とあらば彼らに対して軍隊を率いる覚悟である。

余の息子は、主の降誕祭に聖なる使徒[175]から皇帝位の冠を授かった（九六七年一二月二五日）。

カンパーニャ、カープアにて（九六八年）一月一八日記す」。

この書簡が、ヴェルラと呼ばれる地で開催された人民の会議の場において、君公たちと数多くの群衆の前で読み上げられた時、レダーリ族に対し既に容認された和平は、今後も継続させる必要があると判断された。この時、デーン人に対する戦いが目前に迫っており、二つの戦争を同時に遂行するだけの兵力を欠いていたからである。

(170) 皇帝書簡自体は伝存しておらず、テキストは、ヴィドゥキントによって独自にパラフレーズされた形でのみ伝わっている。

(171) ティアドリヒ（前述二三、二四、四五章）は、ゲーロが九六五年に死去（後述七五章）した後、後任のノルトマルク辺境伯の地位に就いていた。

(172)「東」の皇帝の公式称号は「ローマ人の皇帝」であるが、これを「コンスタンティノープル国王」と呼ぶことには、その権威を貶める政治的含意が込められている。

(173) プロヴァンス地方、サントロペ近郊に位置する今日のラ・ガルド＝フレネ。九世紀末以来イスラーム教徒による大陸での略奪活動の拠点であった。

(174) 参照、ウェルギリウス『アエネーイス』第四歌六三九行（邦訳一八二頁）。

(175) ローマ教皇ヨハネス一三世（在位九六五―七二年）。

## 七一章　ギリシア人の使節団と彼らの欺瞞

皇帝は、ギリシア人の使節団に完全な信を置き、数多くの高位の人々を軍隊の一部を付けて、取り決められた地に派遣した。そこでは、使節団の約束に従って、娘が彼らに引き渡され、皇帝の息子の元に名誉をもって導かれる手筈になっていた[176]。ところが、ギリシア人は、父祖伝来の術策を巡らしたのである。彼らは、世界の始まり以来このかた、大半の民族の主人であったが、その勇敢さが十全でない場合には、術策を弄することで勝利を収めてきたからである。彼らは、武器を持たず凶事を予期していなかった人々に対し、突如として襲いかかり、陣地を略奪し、多数を殺害した（九六九年）。そして、捕虜とした多数の人々を、コンスタンティノープルの彼らの皇帝の下に送ったのであった。ただし、脱出に成功した人々は、皇帝の下に帰還して事の次第を報告した。

(176) オットー二世の妻としてマケドニア王家の嫡出の娘を求婚する使節は、九六七年、および九六八年のバーリの包囲攻撃戦（前述六三章注一四七）の中断期間の二度に亘りコンスタンティノープルに派遣されたが、いずれも失敗に終わっている。同年一一月に再開された包囲攻撃戦の後、オットーは、翌九六九年四月までカラーブリア、プーリア方面に遠征したが、さしたる成果を挙げるには至らなかった。しかも、その後、南イタリア政策の支柱であった忠臣カープア・ベネヴェント大公パンドルフォ一世（〝鉄頭〟）が、ビザンツ軍の捕虜になりコンスタンティノープルに移送されたことで局面は逆転した。

# 七二章　グンターとジークフリート

この事件に激昂した皇帝は、恥辱に報復すべく、二人の傑出した男、グンターとジークフリート[177][178]を強大な軍隊と共にカラーブリアに派遣した[179]（九月？）。両名とも、国内外の戦闘で繰り返しその名を馳せた者たちであった。ギリシア人は、これまでの勝利によって高慢になり思慮深さを欠いていたため、彼らの手に堕ちたのであった。数えられぬ程多くの者たちが殺された。彼らは、生き残った者たちを捕らえ、鼻を削いだうえで新ローマに戻ることを許した。カラーブリアとプーリアのギリシア人には、貢納の義務を課した。両名は、この勝利によって盛名を高め、敵から奪った豊富な戦利品をもって皇帝の下に帰還した。

(177) メールゼブルク辺境伯（在位九六五―七六年、九七九―八二年）。
(178) 九六一―八〇年の間ハッセガウの伯として確認される人物と同一と推定される。
(179) パンドルフォの捕縛後（前述七一章注一七六）、ビザンツ軍による四〇日間のカープア包囲が続いた。しかし、オットーが派遣したグンターらは反攻に転じ、カープア、ナーポリ、ベネヴェントを経てプーリアにまで進攻し（カラーブリアではない！）、アスコリ・サトリアーノ近郊の戦闘（九六九年九月？）でビザンツ軍に大勝した。

## 七三章　コンスタンティノープルの人民と彼らの皇帝

コンスタンティノープルの人民は、不運な戦闘について聞くと、皇帝に対して蜂起した。そして、皇帝自身の妃に後押しされ、ある将軍の計略に従って彼を殺害すると、この将軍を主人の代わりに皇帝の地位に据えたのである(180)（一二月一一日）。彼は、国王に擁立されると、直ちに捕虜を解放し(181)（九七〇年）、一人の娘を強大な軍隊と見事な贈り物を付けて皇帝の下に送り出した（九七二年）。皇帝は、直ちに娘を息子に引き渡し(182)、婚姻の儀が豪華に祝されると、これによってイタリアとゲルマーニア全土に大きな歓喜をもたらした。この出来事がイタリアで起きていた間、父から委ねられたフランク人の王国を統治したのは、大司教ヴィルヘルム(183)であった。智恵と賢明さを兼ね備え、敬虔で誰に対しても好意的に振る舞う人物であった。

(180)　プーリアにおけるビザンツ軍の敗北と、将軍皇帝ニケフォロス二世・フォーカス（在位九六三―六九年）の殺害との間には、ヴィドゥキントが主張する因果関係はない。九六三年にマケドニア王家の前皇帝ロマノス二世の寡婦テオファーヌと結婚したニケフォロスは、その皇后の陰謀で九六九年一二月一〇日から一一日の深更、将軍ヨハネス・ツミスケスによって宮殿の寝室で暗殺された。将軍皇帝の地位はヨハネスが襲った（在位九六九―七六年）。
(181) コンスタンティノープルで囚われの身となっていたパンドルフォは九七〇年夏、新皇帝ヨハネス・ツミスケスによって解放され、帰還した。
(182) テオファーヌ（九六〇年頃―九一年）。ヨハネス・ツミスケスの妻の姪で、マケドニア王家の出ではない。九七二年四月一四日にオットー二世と結婚し、サン・ピエトロ教会で教皇ヨハネス一三世（前述七〇章注一七五）により皇后に戴冠された。
(183) マインツ大司教（在位九五四―六八年）。参照、前述四一章注八二。なお、ヴィルヘルムは、七一章以下で叙述されたイタリアでの事件以前に既に死去している。

## 七四章　皇帝の母マティルデ、司教ベルンハルトとヴィルヘルムの死

彼の母は異国人であったが、高貴な家門の生まれであった。(184) 彼は、皇帝の母君、奇蹟の如く神々しいマティルデという名の女性が病気であると聞いた時（九六八年）、彼女の埋葬を予期したのだが、自らの埋葬が、彼女のそれに先立つ結果となってしまった（三月二日）。もし、我々が彼女の賞賛のために何か述べようと望むならば、恐らく我々は、その任ではなかろう。かの女性の美徳は、我々の弱い精神の能力自体をはるかに凌駕しているからだ。一体

誰が、神への崇拝に向けた彼女の献身を、それに相応しく述べることが出来るというのか？(185)

彼女は毎夜、自らの房《ぼう》を、神に捧げるあらゆる種類と変化に富んだ讃歌の響きで満たした。その房は、教会の近くに位置していたからだが、彼女がそこで休息をとるのは、束の間にすぎなかった。毎夜、彼女は、身を起こして教会に詣でたのである。この間、聖歌隊の男女は、房の中、門の前、教会へと向かう道の三つに分かれて整列し、神の御慈悲を賞賛し讃美した。彼女自身は、教会の中で徹夜で祈りを捧げ、ミサの儀式の始まりを待ち受けた。近隣に病人がいることを聞き及ぶと、訪問し彼らが必要とするものを施した。その手を貧者にも差し伸べ、常に絶えることのない客人を、大変気前良く受け入れた。優しい挨拶なしで人を送り出すことは決してなく、またその際に贈り物や必要とする援助を欠くことも、ほぼ皆無であった。時に房から遠くに旅人の姿を見かけた折には、必要なものを送り届けさせた。

彼女は、こうした仕事に昼夜を問わず日々とても謙虚に従事したのだが、そのことで国王の名誉を損なうようなことは、次に記されている如く些《いささ》かもなかった。「彼女は、取り巻く人民の中に王妃の如く腰を据えていたが、しかし、常にそしてどこでも悲嘆する者たちを励ます人であった(186)」。彼女は、家内のあらゆる召使や婢女《はしため》に対し様々な技芸、それに読み書きも教えた。国王の死後に大変見事に学習したので、読み書きが出来たのである。このように、もし、私が彼女の美徳のすべてを語ろうとするならば、そのためには時が足りないであろう。仮に、私がホメロスやマロ〔＝ウェルギリウス〕の雄弁さを持ち合わせていたとしても、それでもなお不十分であろう。

かくして、年齢、あらゆる名誉、善行と喜捨、そのすべてに豊かに満たされた彼女は、自らの王妃としての財産すべてを神の僕、婢女《はしため》、貧者に分け与えた後、三月一四日、その魂をキリストに返したのである。この頃また、ベルンハルトも逝去した[187]（二月三日）。すべての人民によって、当代の最も威厳ある聖職者と賞賛されたお方であった。

さて、もし、我々が両人に関するある敬虔な噂を伝えるとして、真実から外れる危険に届することがない限り、誰しもそれを非難することが無きよう願う。我々がある隠修士から聞いたところによれば、彼は――それが霊感によるのか、啓示された幻視かは私は知らないが――、王妃と司教の魂を見たというのである。それは、無数の天使に伴われて、言葉では言い尽くし難い光輝を放ちながら、天高くに昇っていったという。

(184)　ヴィルヘルムは、オットーがエディットとの結婚直前に、捕虜のスラヴ人女性との間にもうけた子である。彼女は、九二八／二九年のヘヴェル族との戦い（第一巻三五章）の際に捕虜となったトゥグミール（第二巻二一章）の姉妹の可能性が高い。オットーがスラヴ語を話すことが出来た（第二巻三六章）のも、彼女の影響であろう。Lübke, *Regesten*, Nr.32, S.50f.

(185) 完成した「献呈本」(A稿、参照、前述六九章注一六九)はその後、ノルトハウゼン女子律院で九七三/四年に成立した『王妃マティルデ伝(旧編)』の執筆に用いられたが、「修道院本」(B稿)の補筆部は、当該箇所の執筆に際し逆にこの伝記(一、三、八、九章)から情報を得ている。

(186) 参照、『ヨブ記』二九・二五。

(187) ハルバーシュタット司教。参照、第二巻一六章。

## 七五章　イタリアからの皇帝の帰還、彼の死

皇帝は、彼の母、息子、他の君公たちの死――偉大にして実力のある男ゲーロもまた、既に以前に亡くなっていた(188)――を聞いた時、フレネへの遠征を取り止め(189)、イタリアでの問題を片付けた後に故郷に帰還することを決意した(九七二年)。加えて、多数のザクセン人が反乱を企図しているとの噂が、彼を不安にしていた。しかし、それは無益なことであったので、報告するには値しないと考える。

こうして彼は、イタリアを多大な栄光に包まれて出立した。そこでは、ランゴバルト人の国王を捕らえ、ギリシア人に打ち勝ち、サラセン人に勝利を収めたのだから。勝利をもたらす軍

隊と共にガリアに入り(190)（九七三年）、そこからゲルマーニアに向かったが、それは、次の復活祭（三月二三日）を名高いクヴェトリーンブルクの地で祝するためであった。同地には様々な民族から多くの者が参集し、息子を伴った故郷への帰還を大いなる歓呼をもって迎えた。ただ、そこに滞在したのは、一七日を超えることなく(191)、次にキリストの昇天祭を祝うため、メールゼブルクへと赴いた（五月一日）。しかし、この地を巡幸した時、皇帝は、卓越した大公ヘルマンの死(192)の故に悲嘆に包まれていた。彼は、賢明さと正義、国の内外の問題についての素晴らしい配慮の故に、すべての人間に対し永遠の記憶を遺したのであった。それから、国王の名誉と贈り物をもって訪問してきたアフリカからの使節を接見し、彼らを身近に留め置かせた(193)。

聖霊降臨祭前の火曜日には、メムレーベンと呼ばれる地に到着した（五月六日）。それに続く夜、いつもと変わらず黎明と共に起床し（五月七日）、夜と朝の讃歌に参列した(194)。その後暫しの休息をとった。さらに、ミサの儀式が挙行され、それから普段通りに貧者に施し物を授けると、軽い食事を摂り、再び床で休息した。しかし、時が来たので上機嫌で起き上がり、快活に昼食の席に就いた。執務を済ませた後は晩課に参列した。ところが、福音書が唱われている(195)時に、発熱と疲労を感じ始めた。周囲の君公たちはこれに気付き、彼を椅子の上に腰掛けさせた。しかし、死んだかの如く頭《こうべ》を垂れたため、再び目を覚まさせた。彼は、神の肉体と血の秘蹟に与ることを求め、それを授かった。そして、呻吟《しんぎん》することなく大いなる平安に包まれて、典礼の挽歌が歌われる中、最後の吐息を万物の創造主の御慈悲に向けて吐き出した。

そこから寝室に移されると、既に遅い時刻ではあったが、(196)その死が人民に告げられた。人民は、皇帝に手向ける讃辞として、感謝すべき事績の記憶から多くを語った。いかにして彼が、父の如き御慈悲をもって服する者たちを統《す》べ、彼らを敵から解放したか、アヴァール人、サラセン人、デーン人、(197)スラヴ人といった傲慢な敵たちに武器で勝利を収めたか、イタリアを服従させ、隣接する諸民族の神々の社殿(198)を破壊し、教会と聖職者の諸身分を据えたか、について。そして、互いにその他の数多くの善行について語りながら、彼らは、国王の埋葬に参列したのであった。

(188) 九六五年五月二〇日。
(189) フレネのイスラーム教徒が在地貴族によって一掃されたのは、九七二年秋／九七三年のことである。
(190) 皇帝はガリア経由ではなく、スイス＝アルプスを越えてザンクト・ガレンに向かっている。ヴィドゥキントは、九六五年の第二次イタリア遠征終了後の帰路と混同しているのかもしれない。
(191) 三月一九日—四月四日。
(192) 三月二七日。
(193) 〝アフリカ〟の使節とは、（コルドバのカリフの使者として？）中東欧各地を旅行し、貴重な歴史記録を残したユダヤ人、イブラヒム・イブン・ヤクブの一行を指している可能性が高い。Helmut G. Walther, Der gescheiterte Dialog. Das ottonische Reich und der Islam (1985), in: ders., *Von der Veränderbarkeit der Welt. Ausgewählte Aufsätze*, hg. v. Stephan Freund - Klaus Krüger - Matthias Werner, Frankfurt a. M. 2004, S.3-30, hier S.25-27.

（194）聖務日課の一つで、真夜中ないし夜明けにおこなわれる朝課を指す。

（195）『ルカの福音書』一・四六―五五の「聖母マリアの讃歌《マニフィカト》」。

（196）参照、『マルコの福音書』一五・四二。

（197）ここでは、デーン人（ノルマン人）の都市ルーアンをめぐる攻防戦（前述四章）が理解されている。

（198）参照、ウェルギリウス『農耕詩』第四歌五四一行（邦訳二〇八頁）。

## 七六章　人民がいかにして父の代わりにその息子を統治者に選んだか

翌朝になると（五月八日）、彼らは、全教会の唯一の希望、すなわち皇帝の息子――彼は、既にかねてより国王に塗油され(199)、聖なる使徒(200)によって皇帝に指名されていたのだが――に対し、最初の時と同じく再び競うようにして両手を差し伸べ、忠誠を誓い、その敵すべてに対抗して支援することを、臣従宣誓によって確認した。かくして、彼は、あらためてすべての人民によって君主に選ばれた。そして、父自身が壮麗に建設したマクデブルクと呼ばれる都市に父の亡骸を移送した。かくして五月七日、聖霊降臨祭前の水曜日、ローマ人の皇帝にして諸民族の国王は逝去した。(201) 神と人間に関わる幾多の輝かしき偉業を後世に遺しつつ。

(199) 九六一年五月二六日。参照、第二巻一章注四。
(200) ローマ教皇ヨハネス一三世。参照、前述七〇章注一七五。
(201) 解釈については、巻末の「解説」二八三頁を参照。

ザクセン人の事績の第三巻が終わる

# 解説

## 一　ヴィドゥキントとその世界

見よ、新たな世紀が始まる。それを人は「鉄の世紀」と呼ぶ、険しい堅さの故に。人はまたそれを「鉛の世紀」と呼ぶ、歪められた悪に溢れかえるが故に。あるいはまた、「暗黒の世紀 *saeculum obscurum*」とも呼ぶ、歴史叙述者たちの欠如の故に

（チェーザレ・バロニオ『教会史』、第一〇巻、一六〇二年、九〇〇年の項）

『ザクセン人の事績』は、リーウトプランド（九二〇頃―七二年頃？）の『報復の書』（九五八―六二年成立）、アーダルベルト（九二〇年代後半―八一年）の『レーギノ年代記続編』（九六六―六八年成立）と並んで、オットー朝（九一九年―一〇二四年）の前期の東フランク＝ドイツ王国史に関する貴重な三大史料の一つに数えられる。(1) しかし、他の二者が、それぞれ皇帝の側近としてクレモナ司教、初代マクデブルク大司教という最高位にまで登り詰めたのとは対照的

に、ヴィドゥキントは、中世の歴史叙述者の多くと同じ運命を辿った。それは、閉ざされた僧房の中での、一修道士としての孤独な生涯であった。我々が作者について知ることが出来るのは、作品中での自身への言及、修道院に関連する僅かな史料の証言のみに限定される。確かに、ヴィドゥキントが生きた一〇世紀、特にその前半は、同時代史料が極端なまでに乏しい時代であった。それを「歴史叙述者たちの欠如の故に暗黒の世紀」と呼んだヴァティカン図書館長の歴史観は、今日ではもとより幾分修正を要する。だが、それにしても、著者について残されたのは、悲しいくらい僅かな情報でしかない。

一「キリストの殉教者ステファヌスとウィートゥスの僕たちの中で最も卑しきコルヴァイのヴィドゥキント」（第一巻献呈辞）が、ヴェーザー河畔の修道院に入ったのは、院長フォルクマール（在位九一七―四二年）の時代であった。その在任中に修道院入りした修道士の名簿で、ヴィドゥキントの名前は、五〇人中最後から二番目に書き留められている。九四〇年頃、標準年齢の一五歳になって修道院に入ったと仮定するならば、九二五年頃の生まれと推測される。作品中で彼が特に感情移入して活写した、リーウドルフやコンラートと同世代である。他の修道士たちの社会的出自から推測すると、彼もまたザクセンの名門貴族家門の出であったことは間違いない。『事績』における固有名詞の表記法は、東ザクセン地方に固有のオストファーレン方言の特徴を示している。

命日は、ヘルマン・ビルングにより建立された、リューネブルクの聖ミカエル修道院に伝わる「死者祈念の書《ネクロローグ》」の記載「修道司祭ヴィドゥキント」が、仮に『事績』の作者であるとするならば、二月三日である。(2)『事績』が伝える最後の事件は、九七三年五月の皇帝オットー一世の逝去である。なお、コルヴァイ修道院では、八六〇年代から実に一一一七年に至るまで、歴代の修道士たち約二〇名によって断続的に『コルヴァイ編年誌』が書き留められた。編者プリンツによれば、このうち九四二年（?）から九八三年までの項を記した匿名の修道士は、ヴィドゥキントである可能性があるという（参照、第三巻六三章注一四七）。この仮説が妥当するならば、歿年は九八三年以降、享年は約六〇歳となる。(3)

「ヴィドゥキント Widukind」という名前の原義は、「森の子 Waldkind」で、「狼 Wolf」の隠喩的代称《ケニング》である。極めて稀な名前ではあるが、第一巻三一章で二人の〝ヴィドゥキント〟に言及されている。「カール大帝を敵に回してほぼ三〇年もの間大規模な戦争を指導した、かの偉大なる大公」、そしてその子孫に属する王妃マティルデの叔父である。この王妃に対して、作者は讃辞の言葉を惜しむことなく捧げている（第一巻三六章、第三巻一二、一四、四九、七四章）。それ故、作者自身もかの英雄の後裔ではないか、との推測が当然ながら提起されてきたし、実際その可能性は有力視されている。(4) しかし、なお実証されるには至っていない。

ヴィドゥキントが、作品中で自身について直接・間接に触れたのは、四箇所のみである。まず、第一巻一章で「私は、以前の著作において最高の命令者の戦士たちの勝利について叙述した」と述べている。作品名を明言していないが、ジャンブルー修道院の修道士ジーゲベルト（一〇三〇年頃—一一一二年）は、最晩年に著した古今のキリスト教著作家の目録の中で、ヴィドゥキントの作品として、イコニオンの聖テクラとテーベの聖パウロの韻文聖人伝を挙げている。しかし、作品はいずれとも今日に伝わっていない。これ以外では、短命に終わった院長バーヴォ三世（在位九四二—四八年）への言及（第三巻二章）、ベーメン大公ボレスラフの人質たちを見たという目撃証言（第二巻四〇章、九四五年末）、そして、ユーグによってオットーに贈呈された黄金の留め金を、コルヴァイ修道院の祭壇で日々見ているとの注記（第二巻三五章。九五八年?、参照、第三巻六二章注一四二）、以上に尽きる。

他にも、九三六年のアーヘンの国王戴冠式（第二巻一章）、九六八年のヴェルラの会議（第三巻七〇章）での臨席、ケルンにおける大司教ブルーノの目撃（第一巻三一章）、あるいは王家宮廷での長期滞在などの可能性が研究者によって指摘されているが、いずれも憶測の域を出るものではない。むしろ、皇女マティルデに対する各巻冒頭の献呈辞の頌歌的トーンからは、ある種の距離感が感じられるし、奇妙なことに皇后アーデルハイトの名前には一度も言及していない。作品に特徴的な空間的地平の狭さや、他国の事情に関する知見の乏しさと併せて考えるならば、コルヴァイ修道士が修道院の壁を越えて外界に出る機会は、もとより皆無ではなかったものの、その行動半径は、ザクセン地方に限定されていたと考えるべきであろう。

二　ヴィドゥキントが成長した知的環境に眼を転じよう。生涯を通じての活動の舞台となったコルヴァイ修道院は、ザクセンの地で最初の、そして長らくの間唯一の修道院として、八二二年に現在の地に建てられた。同院の創建を後押ししたのは、カロリング王家である。創建者は、カール大帝の従兄弟のアーダルハルト・ヴァラ兄弟（巻末のカロリング家系図を参照）で、最初の修道士は、兄弟が相次いでその院長職にあった、アミアン近郊のコルビー修道院から到来した（そのため〝新コルビー〟とも呼ばれた）。帝国修道院として、当時の皇帝ルートヴィヒ一世（〝敬虔〟）以来歴代の皇帝・国王によって庇護を受けてきたが、創建の主たる目的は、カール大帝が三〇年に亘るザクセン戦役（七七二—八〇四年）を通じて軍事的に征服し、半強制的にキリスト教徒に改宗させたザクセン人を、フランク帝国の統治構造に統合することにあった。

ヴァラの後継院長ヴァリン（在位八三三？—五六年）は、カールの弟カールマンの女系の孫と推定される。(5) 一修道士としてコルビーから移って後、教師として活躍し、皇帝ルートヴィヒの信頼篤く、コルヴァイに最初の隆盛期をもたらした。聖ステファヌスに次ぐ第二の守護聖人、聖ウィートゥスの聖遺物を獲得したのも彼である（第一巻三四章、三巻二章）。フルラードゥス以来聖遺物を有するサン＝ドニ修道院の院長ヒルドゥイン（在位八一四―四〇年、八五五／六一年歿）は、八三〇年に皇帝に叛旗を翻したが、失敗して追放された（翌年五月に復権）。この時にコルヴァイ修道院が保護を提供したことが機縁となって、八三六年、聖ウィートゥスの聖遺物がザクセンの地に移葬されることとなったのである。その詳細は、後年コルヴァイで成立した『聖ウィートゥス移葬記』（八六〇年代末成立）に書き留められた。

同院はまた、フランク帝国内にあって最もキリスト教化の遅れたザクセンにおける、布教の前進基地としても機能した。その重要な成果は、コルビー出身の修道士アンスガールが、北方のさらなる異教世界、すなわちスカンディナビアの異教徒伝道のため、初代ハンブルク大司教（在位八三一―六五年）に任じられ、旺盛な伝道活動を展開したことに結実した。以後、歴代大司教の地位は、一〇世紀前半に至るまで、コルヴァイ出身の修道士によって占められることになる。

九世紀後半になると、親修道院からもたらされた多数の蔵書と教育の充実に伴い、コルヴァイは、ザクセンにおけるキリスト教文化の中心地としても隆盛を見ることになった。今日もなおほぼ完全に保存され、世界遺産にも登録されたカロリング様式の西正面堂《ヴェストヴェルク》が完成したのは、バーヴォ一世（在位八七九―九〇年）が院長職にあった八八五年である。彼の登位前後の時期には、文学・歴史作品でも、アンスガールの後任大司教（在位八六五―八八年）となった元修道士リンベルトによる『聖アンスガール伝』（八六五―七六年成立）、修道士アギウスによる初代ガンダースハイム女子律院（第一巻一六章注八二）の院長の伝記、『聖ハトゥムート伝』（八七六／七七年）、上述『コルヴァイ編年誌』、不詳の修道士〝ポエタ・サクソ〟による『カール大帝への頌歌』（八八九―九一年頃、参照、第一巻一五章注七七、七八）などが相次いで執筆された。院長バーヴォ二世（在位九〇〇―一六年）が、「国王コンラートの御前で、ギリシア語の書簡を読み上げたこと」は、ヴィドゥキントも記しているが（第三巻二章）、彼は、ボエティウス『哲学の慰め』の注解書を著したことでも歴史に名を残している。

（1）以下の「解説」は、テキストの注記と同じく基本的に刊本の編者ヒルシュの「解題」（S.V-LIII）に依拠している。注は、異解あるいは新説の場合のみに付す。オットー朝前期の主要な叙述史料については、さしあたり拙著『ドイツ史の始まり』、第七章を参照されたい（ヴィドゥキントについては、一九一―二〇三頁）。

（2） Althoff, *Adels- und Königsfamilien im Spiegel ihrer Memorialüberlieferung*, S.75.
（3） Prinz, in: *Die Corveyer Annalen*, S.61-63.
（4） Karl Schmid, Die Nachfahren Widukinds (1964), in: ders., *Gebetsgedenken und adliges Selbstverständnis im Mittelalter. Ausgewählte Beiträge*, Sigmaringen 1983, S.59-105.
（5） Hlawitschka, *Die Ahnen der hochmittelalterlichen deutschen Könige*, Teil 2, S.47-51.

## 二　『ザクセン人の事績』の成立過程

一『ザクセン人の事績』は三巻から成り、各巻は主要人物の死をもって締め括られる。第一巻は、ザクセン人の起源から国王ハインリヒ一世の死去（九三六年）まで、第二巻は、オットー一世の国王登位から妻エディットの死去（九四六年）まで、第三巻は、本来はヴィヒマンの戦死をもって終わっていたが、後にオットー一世の死去まで補足された（後述）。自筆稿は、中世の大半の作品の例に漏れず伝存しないものの、一一―一六世紀に由来する写本が五点現存する。この他にも、少なくとも五点の写本がかつて存在したことが確認されている。各写本は、作品の段階的成立過程に対応する形で、次の三系統に分類される。(6)

・「修道院本」（B稿、二点）：九六七／六八年に第三巻六九章のヴィヒマンの戦死（九六七年九月二一日）をもって一旦締め括られた初稿。ヴィドゥキントはその後、オットー一世の死去（九七三年五月七日）までの事件を七〇―七六章において概観的に追記した。七四章の叙述では、この間に成立した『王妃マティルデ伝（旧編）』（九七三／四年成立）を利用している。

・「献呈本」（A稿、一点）：B稿の第三巻六九章までの叙述に各巻冒頭の献呈辞を添えて、九六八年に当時まだ一二／一三歳のクヴェトリーンブルク女子律院長の皇女マティルデに献呈された改訂稿。マティルデに向けた言明の補筆（第一巻一九、三四章、第三巻一二、六三、六五、六九章）を含む他、テキストの簡略化（第一巻二二章）、削除（第三巻二章）、補足（第三巻四七、五三章）、字句の改訂（第三巻六九章）が施された。

・「完結本」（C稿、二点）：第三巻七六章をもって終結したB稿に、テキストの簡略化（第一巻二二章）、削除（第三巻四九章）、字句の改訂（第二巻献呈辞、一六、三九章、第三巻二、六〇、六九章）を施した完成稿。なお、章別の編成と各章の見出しタイトルは、C稿のみに見える。これは、ヴィドゥキント本人ではなく後代に由来する。写本の伝承状況からすると、一一世紀初頭以前に付されたものと考えられる。

二「修道院本」は、元々ヴィドゥキントが、「歴史」（第一巻八章、第二巻二五章、第三巻六三章）を、可能な限り「真実」（後述二八六頁）に即して記録することを意図して執筆したものであり、マティルデ個人に向けた「献呈本」には相応しくない二箇所（第一巻二二章、第三巻二章）は、大きく簡略化ないし削除された。特に顕著な相違を示すのは、マインツ大司教ハットーによるハインリヒ暗殺計画を主題とする第一巻二二章である。最も詳細な内容を伝える初稿の「修道院本」は、外部への公表を前提とせずに執筆されており、このためヴィドゥキントは、同時代の政治的状況に気遣いすることなく、マインツ大司教の「奸計」を正面から批判することが出来た。これに対し、「献呈本」では、名指しでの直接的な批判を全面的に削除し、大司教の不名誉となる所業については沈黙を貫こうとした。コルヴァイ修道院を監督し、軋轢にも事欠かないマインツ大司教（第二巻三七章）への配慮、特に改訂時の大司教ヴィルヘルム（在位九五四—六八年、第三巻七四章）が、コルヴァイ修道士が国王への執り成しを切望する被献呈者（第一巻三四章）の義兄であったことから、慎重な姿勢を余儀なくされたのであろう。ただし、それまで名を伏せてきた「暗殺に関与した者たちの一人」の素顔を、末尾になって「自らの奸計が潰え、ザクセン人の幸運が花開くのを見たハットーは」と述べることで、思わず明かしてしまう結果となっている。これは明らかなケアレスミス、〝消し忘れ〟であるが、同時にA稿がB稿のテキストを元に改訂された事実を、我々に垣間見せてくれる。

（6）　以上の三系統本の成立年次は、シュテンゲル＝ボイマン以来の通説に従った。Edmund E. Stengel, Die Entstehungszeit des „Res Gestae Saxonicae" und der Kaisergedanke Widukinds von Korvey (1941), in: ders., *Abhandlungen und Untersuchungen zur mittelalterlichen Geschichte*, Köln-Graz 1960, S.328-341. Beumann, *Widukind von Korvei*, S.178-204. 近年提案された新たな仮説については、拙著『ドイツ史の始まり』、一九五頁注二〇を参照されたい。

## 三　古典文学の受容と中世の史料源

一　ヴィドゥキントは、コルヴァイ修道院の蔵書に含まれた古代ローマ時代の古典文学作品から、直接間接に相当の影響を受けている。彼の文章に最も規範的な影響を与えたのは、訳文に付した注からも窺えるように、サッルスティウスの『カティリーナ』、『ユグルタ戦記』、特に前者である。その影響は、語彙や言い回し、文体、直接・間接話法の効果的な挿入、「補説」の頻用等から、人物描写の技法にまで幅広く及ぶ。

ただし、ボイマン（一九五〇年）に代表される旧来の研究は、サッルスティウスの影響を過大評価してきたことが近年ケラーによって指摘されている（Keller, *Machabaeorum pugnae*)。それと並ぶヴィドゥキントの模範として注目されるのが、旧約聖書外典の『第一／二マカベア記』の影響である。『カティリーナ』（五八節）を範とする典型例と目されてきたのは、ハンガリー人との歴史的決戦に臨む際にオットーがおこなった演説（第三巻四六章）である。しかし、この演説のみならず、同一文脈のハインリヒ一世の演説（第一巻三八章）においても、『マカベア記』の描き出す神の御加護を得て敵との戦闘に臨む救国の英雄、という救済史的観点から正当化された支配観念が濃厚に表出されているのである。ヴィドゥキントに特徴的な「生と死」、「自由と隷属」、「台頭と衰退」という対立構図も、かつては「特殊ゲルマン的」な価値観念と誤解釈されたが、実際には旧約聖書外典の語法・思考様式の強い影響下にある。本訳書では、刊本にはない『マカベア記』の多数の対応箇所を、ケラーの研究に従って新たに注記した。

サッルスティウスおよび聖書以外にその使用が推定されるのは、散文作品ではスエトニウス『ローマ皇帝伝』、リウィウス『ローマ建国史』、フラウィウス・ヨセフス『ユダヤ戦記』（ラテン語訳）、スルピキウス・セウェルス『聖マルティヌス伝』があり、韻文作品では特にウェルギリウス『アエネーイス』、『農耕詩』に負うところが大きい。他には、ルーカーヌス『パルサリア（内乱）』、オウィディウス『変身物語』、ホラティウス『歌集』、ユウェナーリス『諷刺詩』、ユウェンクス『福音書四巻』を利用した痕跡が認められる。ヴィドゥキントはまた、同時代の国制に関する術語表記に際し、時に古代ローマ期の古風な語彙——例えば *legatus*（第一巻三六章）、*preses*（第二巻三〇章）など——を使用する癖があることも言い添えておく。

二　他方、ヴィドゥキントが史料として利用した中世の歴史書の数は、あまり多くはない。その使用が確実視されるのは次の作品である。ヨルダーネス（五五二年頃歿）の『ゴート人の歴史』、『聖ウィートゥス受難伝』（六／七世紀）、ベーダ・ヴェネラビリス（六七三／七四―七三五年頃）の『アングル人の教会史』、パウルス・ディアコヌス（七二〇／三〇年頃―九九年頃）の『ランゴバルト人の歴史』、『ローマ史』、アインハルト（七七〇年頃―八四〇年）の『カール大帝伝』、『聖ウィートゥス移葬記』（八六〇年代末）、〝ポエタ・サクソ〟『カール大帝への頌歌』（八八九―九一年頃）、『コルヴァイ編年誌』、『王妃マティルデ伝（旧編）』（九七三／四年）。もっとも、その利用は、アインハルトを別とすれば、多分に散発的なものに留まり、テキストの文言を直接引用することもなかった。「テューリンゲン戦争」（第一巻九―一四章）については、フルダ修道士ルードルフ（八〇〇年以前―八六五年）の未完に終わった『聖アレクサンダー移葬記』（八六五年頃成立）、および『クヴェトリーンブルク編年誌』（当該箇所は一〇〇八年頃成立）との類似箇所が多々見られるが、三者間に系譜関係は確認されない(7)。規範史料は、『ザクセン人法典』（八〇二／三年頃、第一巻一四章）と、皇帝オットーの書簡（第三巻七〇章）の二点のみである。

ヴィドゥキントにとって、羊皮紙の上に書かれた文字史料と並んで、あるいはむしろそれ以上に重要な情報源となったのは、口頭伝承である。特に史料の乏しい第一巻冒頭のザクセン人の初期の歴史に関しては、本人自身が公言している。「その際、主として伝説に依拠することになるが、それというのも、太古の時代については、確たることは、ほとんど闇に包まれているからである」（一二章）。「この伝説は記憶されるに値するのだから」。「この伝説は大いに意味深いので」（一三章）。同時代の事象についても、時に次の告白が挿入される――「父祖たちの記憶の伝えるところによれば」（一一章）。口承社会において、遠き過去の歴史を後世に伝える主要なメディアの一つは、英雄叙事詩であった。テューリンゲン戦争を歴史的背景とする九〜一四章の叙述の中心的内容は、グリムの研究以来「イリングの歌」が主たる情報源であったと考えられている。

頻用される「伝えられるところによれば」という伝聞表記、あるいは「創作された民衆たちの風聞」（一二章注一〇八）という批判的コメントは、対象との距離感を置くことで、叙述全体の信頼度を高める効果をもたらしている。その意味で興味深いのは、ヴィドゥキントが、民衆の間に膾炙する口承（上記の他、例えば第二巻二三章）を伝達する語り手、すなわち放浪芸人《ミームス》の存在に言及していることである（第一巻二三章）。

三　作品全体を通底する、語り継がれた〝ポエジー〟としての文学的性格は、かねてより研究者の指摘するところであった。古典文学に倣いつつも、その書き言葉としての厳格な規範に拘束されることなく、ヴィドゥキントの筆致は、悪智恵の限りを尽くした陰謀の裏舞台、あるいは英雄たちへの熱烈な讃辞の場面において、しかし何にもまして、勇敢な男たちが激烈な死闘を繰り広げる血生臭い戦場の、写実的・叙事詩的描写においてダイナミックに躍動する。作品の頂点をなすのは、テューリンゲン戦争におけるハタガートの奮戦、ハインリヒ・オットー父子のハンガリー人に対する歴史的勝利の克明な叙述である。聖職者とは思えぬ優れた世俗的文才を秘めたヴィドゥキントが、「僧服を纏った吟遊詩人」(8)と呼ばれる所以である。それはまた、『ザクセン人の事績』が歴史史料に留まることなく、一個の「文学作品」としてドイツ人の間で広く愛読され続けてきた理由でもある。

（7）　Giese, Einleitung, in: *Die Annales Quedlinburgenses*, S.47ff., S.117-119, S.242f.

（8）　Wilhelm Gundlach, *Heldenlieder der deutschen Kaiserzeit*, Bd.1, Innsbruck 1894, S.112.

## 四　『ザクセン人の事績』の構想と主題

「人間は、永続的な記憶を求めることではなく、永遠の生命を求めることにこそ、その本来の務めがあるはずなのに、そして、その永遠の生命は、書いたり戦ったり、あるいは哲学することを通してではなく、敬虔にして神聖な、神を畏敬する生活を通して求められるものであるはずなのに、彼らは、自分たちを人々の記憶の中でのみ永続化しようと心を配ってきた。こうした誤った人間の考えが、文芸を通して広められ、大きな力を発揮したので、今では空虚な哲学や愚かな武勇の理想を熱心に求める多くの人々がいるのである」。

一　中世の聖人伝の模範となった『聖マルティヌス伝』の著者スルピキウス・セウェルス（三六〇年頃―四二〇年頃）が、世俗の事象の叙述を無益なこととして批判した有名な一節である(9)。イエスと使徒・聖人たちによる神の福音の伝道以降の時代においては、世俗的・異教的歴史叙述はもはや一切の価値を失ったのであり、歴史叙述は、ただひたすら神に対する賞賛と聖人たちへの崇敬に資するべきである、というのがその骨子である。聖人伝の究極の目的は、最終的には神による人間の救済を説くことであって、それこそが正統なキリスト教文学作品であるとの宗教的使命は、同書を用いたヴィドゥキントも、もとより十分承知していた。このため、修道士であるにもかかわらず、世俗の歴史書の執筆を意図した彼は、ジレンマに悩むことになる。既に一世紀半前に中世における最初の俗人の伝記を著したアインハルトも、『カール大帝伝』の序文で同じ問題と格闘しなければならなかった。『ザクセン人の事績』の場合、第一巻一章の短い一節こそが、ヴィドゥキントなりの弁明に他ならない。「最高の命令者の戦士たち」、すなわち聖人たちについては既に作品を著すことで修道士としての責務を果たしたので、次に、「我々の君公たちの事績」、「私の身分と私の民族」の歴史を叙述することは許されるはずだ、と。

作品の構想について、ヴィドゥキントは、皇女マティルデに向けた第一巻の献呈辞の中で二点挙げている。「あなた様の力強き父君と栄光に満ちた祖父君の事績」と「強大な支配者たるハインリヒが最初の国王として統治したかの民族の起源と状況」の叙述である。前者の対象であるハインリヒ一世・オットー一世父子の事績と、第一巻一章に見える「我々の君公たちの事績」は、矛盾してはいない。「君公たち（*principes*）」として理解されているのは、二人の国王とその祖先たちであるからである。これとは異なり、後者の「かの民族」とは、「ザクセン人」全般ではなく、あくまでも「私の身分と私の民族」、すなわちザクセン人貴族に限定される。コルヴァイ修道士が自らの出自する貴族身分に抱く誇りの念は、同じエートス――〝名誉〟とそれを死守するための自力救済――を共有するヴィドゥキントにとっての〝カティリーナ〟、すなわち「反乱者ヴィヒマン」の悲劇的英雄像に、強烈なシンパシーを込めて端的に表明されている。そして、行間を注意深く読むならば、ヴィドゥキントは、ヴィヒマンのみならず、リーウドルフやロートリンゲン大公コンラート、そしてマインツ大司教フリードリヒが叛旗を翻すに至った原因の一端が、彼らの名誉を毀損した国王オットーの側にあると考えていることに気付かされるはずである（第二巻二五章、第三巻一〇、一五、二〇章）。

オットー朝王家とザクセン民族の理想的・調和的協調関係の歴史を、アルカイックな異教的・戦士的エートスからキリスト教的救済史への変遷過程の中に位置付け、神と直結した神寵王権が、国外の蛮族との戦争、あるいは国内の内乱の鎮圧を通じて、「平和と協調」（第一巻九章、第二巻一五、一六、二五、三六章、第三巻一五、一八、三二章）を実現していくプロセスを描き出すこと、それが『ザクセン人の事績』と銘打たれた歴史書の主題である。もちろんその際、コルヴァイ修道士は、ザクセン人の台頭にとって同修道院の守護聖人ウィートゥスの担った主導的役割を、読者に訴えかけることを疎かにしてはいない。

二　こうした「世俗史」としての濃厚な色彩は、裏返すならば、同時代の「教会史」に関する叙述の欠如を意味する。ヴィドゥキントは確かに、神と、現世における「神の代理人」たる皇帝との直結関係を随所で繰り返し強調する（例えば、前述の二度に亘る歴史的な対ハンガリー人戦の他、ビルテンの戦い（第二巻一七章）の叙述を参照）。それにも拘わらず（あるいはそれが故に）、ローマ・カトリック教会の頂点に立つローマ教皇への直接的言及は、ほとんど見られない。〝大教皇グレゴリウス〟（第一巻八章）を除けば、「聖なる使徒」という表現が、第三巻の補筆部分で二度使用されるだけである（七〇、七六章）。ローマ教皇は、証書等で自らを「最高位の聖職者（*summus pontifex*）」と呼んだが、この術語は、ヴィドゥキントにとってアルプス以北の大司教、特にマイン大司教の尊称である（第一巻二二章注一〇四）。教会組織や人事に関する言及も皆無である。

特に九六二年の皇帝戴冠以降、オットー一世にとっての最大の懸案は「マクデブルク問題」であった。九三七年にエルベ河畔のマクデブルクの地に建立した聖マウリティウス修道院を、教皇の認可を得て新大司教座へと昇格させ、東方スラヴ人伝道の拠点とすることがその構想であったが、コルヴァイ修道士は、この計画にも沈黙している（第二巻七章注二六）。ここには、マクデブルクとコルヴァイ、両修道院の守護聖人マウリティウスとウィートゥスの競合関係がその影を落としているのであろう(10)。草創期の聖マウリティウス修道院を支えたのは、ロートリンゲンの改革派修道院から到来した修道士たちであったが、修道院改革運動に対するヴィドゥキントの保守的立場からの批判（第二巻三七章）も、「マクデブルク問題」への意図的な沈黙という事実と通底しているはずである。

（9）スルピキウス・セウェルス『聖マルティヌス伝』一章（邦訳八八九頁）。
（10）参照、拙著『ドイツ史の始まり』、一九三―九五頁。

## 五　歴史の史料としての『ザクセン人の事績』

先に一言したように、『ザクセン人の事績』は、オットー朝前期に関する三大史料の一つに数えられる。歴史学における「ヴィドゥキント問題」は、もとより多岐に亘る。ここでは、史料証言の独自性と信憑性の視角から、若干の論点を指摘するに留める。

一　ザクセン人の起源。この問題について、ヴィドゥキントは、「デーン人とノルマン人の出自」か、あるいは「かつてアレクサンダー大王に従い、その早世後に全世界に散らばったマケドニアの軍隊の末裔」の二説を挙げている（第一巻二章）。著者はその後、「ヒルミン」の語源論（一二章）を経て、後者の所説に与する。ザクセン人の「マケドニア起源説話」は、『ザクセン人の事績』が初出である。他方、ライヴァルのフランク人は、早くも七世紀以来「トロイア起源説話」を有していた。ウェルギリウス＝リウィウスの変形ヴァージョンで、それによれば、陥落した都市を脱出し世界を彷徨したトロイア人の将兵は、三つの集団に分枝した。すなわち、マケドニア人、アエネーイスに率いられイタリアの地に建国したローマ人、そして国王フランキオに従ってライン河畔に定住したフランク人である。今日の眼からするならば、この種の民族の系譜物語は、空想的・非歴史的ファンタジーにすぎないとの誹りを逃れえないが、普遍史的歴史観に立脚した中世人にとっては、各々の民族の起源を太古の「世界の歴史」に接合させることを通じて、良き古き伝承、すなわち歴史的正当性を獲得することこそが何よりも肝要であった。「マケドニア起源説話」の場合も、フランク人を彼らの子孫と見なしたオトフリート（八〇〇年頃―七〇年以降）の『福音書』の先例が知られている（新保雅浩訳『古高ドイツ語 オトフリートの福音書』大学書林 一九九三年、第一巻一章八七―九二行、三八―三九頁）。ヴィドゥキントの解釈に即すれば、ザクセン人は、最後の「世界帝国」の担い手たるローマ人、あるいは（かつての）支配民族のフランク人と肩を並べうる、否、彼らを凌駕しさえする、かの帝王アレクサンダーのマケドニア人軍隊の末裔に他ならないのである。なお、この起源説話は、その後広く受容された。中世後期の有名な法書『ザクセンシュピーゲル』（一二二〇

―三四年頃成立）の「ラント法」（三・四四・二）において、大胆に脚色された流離譚が展開されていることのみ付記しておく（久保正幡・石川武・直居淳訳、創文社 一九七七年、二八三―八四頁）。

二 ヴィドゥキントの皇帝権理解。(11) ヴィドゥキントによれば、ハインリヒ一世は、九三三年に〝リアーデ〟でハンガリー人に勝利した後、「軍隊によって「祖国の父、強大な支配者にして皇帝（*pater patriae, rerum dominus imperatorque*）」の歓呼を受けた」（第一巻三九章）。もっとも、彼は、以後の叙述では引き続き「国王」と呼ばれている。同じ場面は、九五五年のレヒフェルトでのオットー一世の歴史的勝利の後にも繰り返される。「見事な勝利によって栄光に浴した国王は、軍隊によって「祖国の父にして皇帝」の歓呼を受けた」（第三巻四九章）。しかし、オットーの場合には、以後の叙述でもほぼ一貫して「皇帝」の称号が冠せられる。他方、ヴィドゥキントは、第三巻六三章でオットーの第二次イタリア遠征に言及した際、ベレンガーリオに対する勝利、ローマ攻略については一言したものの、サン・ピエトロ教会でのローマ教皇による皇帝戴冠については完全に沈黙を貫いた。彼は、オットーの〝皇帝〟たる所以を、「ローマ」ではなく「レヒフェルト」に帰したのである。

ヴィドゥキントのこうした皇帝権理解は、二〇世紀前半のゲルマン主義的解釈によって、ローマ教皇によってローマの地で授けられる普遍的・キリスト教的皇帝権とは質的に異なる、

「非ローマ的皇帝理念」の頂点を画するものと評価された。それは、軍事的大勝利の場で軍隊の歓呼によって推戴された〝ゲルマン的〟大王権、つまり諸々の国王をその実力において凌駕する覇権的《ヘゲモニアール》な「軍隊皇帝権」を意味するのである、と。しかしながら、今日の研究は、その妥当性に関して、学問史的イデオロギー批判の観点のみならず、〝リアーデ〟、レヒフェルトでの歓呼の歴史的事実性についても否定的である。ヴィドゥキントが用いた「祖国の父にして皇帝」とは、国制上の最高の地位を表示する公的称号ではない。事後の皇帝戴冠という出来事を既に見据えたうえで、その称呼（nomen）を皇帝的な権能（potestas）の事実上の獲得の時点にまで遡って先取り使用した結果、と解されるべきである。こうした遡及的な思考法は、「国王に次ぐ者」（第一巻二九章、第二巻二章）としての「大公（*dux*）」という新たな官職名を、それがまだ存在せず「軍事指揮官」を意味していた一〇世紀初頭以前の時代に、持ち込んでいる事実にも現れている（例えば、第一巻一六、二一章を参照）。

第三巻の補筆部分に至ると、九六七年の降誕祭にローマで挙行された息子オットー二世の共同皇帝への戴冠式について、上述のように「聖なる使徒」という表現を用いつつ、息子が教皇から「皇帝位の冠を授かった」ことに言及している（七〇、七六章）。作品の末尾を飾るオットー一世の逝去の場面では、「ローマ人の皇帝、諸民族の国王（*imperator Romanorum, rex gentium*）」という呼称さえ使用されているのである。「諸民族の国王」は、「諸王中の王（*rex regum*）」等と同様、聖書において神、キリストに付される尊称で、ここでは、西欧カトリック世界における「ローマ人の皇帝」の指導的地位、普遍的主張をより強調すべく並記されたと解される。巻末の地図2から解るように、ヴィドゥキントの視野の中心に位置するのは、「故郷《パトリア》」のザクセンという限られた世界である。ところが、第三巻の補筆対象は、七四章を除けば、主としてオットー一世末期のイタリア、そして、対ビザンツ関係に集中する。今やその空間的・歴史的地平を著しく拡大するに至ったコルヴァイ修道士は、自身のかつての皇帝権理解の修正を図ったと考えられるのである。

三　口承世界における歴史叙述の問題。今日の中世史研究を大きくリードするフリートの歴史人類学的な「記憶論」の最初の試金石となったのは、奇しくもヴィドゥキントの歴史叙述の信憑性、特に国王コンラート一世の死の床での遺言と、ハインリヒの国王選出（第一巻二五、二六章）の事実性をめぐる議論であった。フリートによれば、中世の口承世界に生きた歴史叙述者の思考を規定していたのは、「そもそも過去に何があったのか」（ランケ）ではなく、「そもそも過去は〝現在〟にとっていかにあるべきか」という主観的・理想的歴史認識であった。事件から半世紀以上もの時を経てコルヴァイ修道士が書き留めた情景もまた、あくまでも彼、すなわちザクセン人貴族の生きる〝現在〟の歴史的・伝統的正当性の境位から、主として口頭伝承に依拠しつつ想起され、彼らの望む理想的歴史像へと再構成された過去の変容した姿である。その目的は、「過ぎ去った時代と事件に関する客観的で事件に忠実な再構成というよりは、むしろ過去を正当化することによる現在の根拠付け」へと大きく傾斜していた。「誤りに満ち溢れた構築物」[12]としての『ザクセン人の事績』は、一〇世紀初頭の事件史を再構成するための実証的史料というよりは、まず第一に、一〇世紀後半における集団的記憶と支配観念との関係性を分析するのに好適な史料と位置付けられねばならない、というのである。

政治観念史に基づくボイマンの古典的研究の成果を根底から覆し、研究史を新たに画するフリートの脱構築化への挑戦は、当然ながら賛同と同時にアルトホフとケラーを初めとする多くの研究者の批判を惹起することになった。特にオットー朝史の「重要証人は信頼に値する」[13]と反論する前者は、歴史叙述の実践的・機能的目的性を重視し、作品の傾向性を執筆意図――皇帝不在の留守を預かる皇女マティルデ個人に向けた、自律的な政治的行動を可能とするための歴史の指南書――から解明しようと試みた。論争は現在も進行中であり、現実に起きた歴史的〝事実〟は、幾重もの「記憶のヴェール」に包み込まれたままである。

確かに、個々の〝事実〟は、「記憶」のフィルターをくぐり抜けて着色あるいは濾過されることで、初めて一つの「物語」あるいは「伝説」へと変容していく。「記憶」の主たる媒体が口承である場合は、こうした傾向は著しく加速される。しかしながら、訳者は、無文字社会の口承文化を主たる素材とする人類学的方法論を、はたして、教養語としてのラテン語を駆使し、時には「伝説」・「風聞」（前述二七四頁）と批判的に対峙し、「真実」（第一巻二章、三五章、第二巻二五章、第三巻七四章）を自覚的に追求する、ヴィドゥキントのような「文人（litterati）」にそのまま適用可能なのか、という疑問を抱いている。この問題については、稿を改めて論じることとしたい。

四　この他にも論点は尽きない。例えば、今日の読者は、反乱者たちに対するオットー一世の処断は、いかにも弱腰であるとの印象をもつかもしれない。「紛争解決論」の旗手であるアルトホフの議論に対し、儀礼・象徴・演出・身振りに基づく合意形成《コンセンサス》によって支えられた、中世前期の「政治的コミュニケーション」を解明する格好の材料を提供したのが、ヴィドゥキントであったことも最後に付言しておく(14)。

（11）以下では、拙著『ドイツ史の始まり』、一〇九―一一〇頁、一九一―九七頁の骨子を要約した。
（12）Fried, Heinrich I., S.285, S.303.
（13）Althoff, Widukind von Corvey, S.104.

(14) Gerd Althoff, *Spielregeln der Politik im Mittelalter. Kommunikation in Frieden und Fehde*, Darmstadt 1997 他多数。参照、服部良久編訳『紛争のなかのヨーロッパ中世』京都大学学術出版会、二〇〇六年。

## 六　受容史

『ザクセン人の事績』が、比較的限られた写本の伝承数（前述二六八頁）から想像されるよりもはるかに広く読まれていたことは、後世の多数の歴史叙述者が、この作品を直接・間接に引用していることから確かである。直接利用した作品としては、ザクセン地方の各種『年代記』・『編年誌』以外では、既に紹介した『王妃マティルデ伝（旧編）』、オットー朝五代の歴史を綴ったメールゼブルク司教ティートマル（在位一〇〇九―一八年）の『年代記』（一〇一二―一八年成立、参照、第一巻三六章注一八七）、ジャンブルー修道士ジーゲベルト（前述二六四頁）の『年代記』他のみを挙げておく。

もっとも、一二世紀以降になると、『事績』を直接利用した痕跡は次第に薄れていく。その理由は、中世盛期・後期のドイツにおいて最も広く普及した、フルトルフ（一一〇三年頃歿）とエッケハルト（一一二六年以降歿）の『年代記』の中に、『事績』の叙述が大幅に取り込まれたからである。以後は、この浩瀚な年代記経由での間接的利用が主流となる。

例えば、中世最大の歴史家と呼ばれるフライジング司教オットー（一一一二年頃―五八年）も、フルトルフ＝エッケハルト経由で『年代記』を執筆した。オーストリア辺境伯家門のバーベンベルク家に生まれた司教は、マインツ大司教ハットーの奸計（第一巻二二章）によって非業の最期を遂げたアーダルベルトを、自らの遠き祖先と見なす一方、この物語が一二世紀半ばの民衆たちの間でもなお広く流布していたことを証言している（第六巻一五章）。人文主義期の高名な神学者ヨハネス・トリテミウス（一四六二―一五一六年）の場合、『ヒルザウ編年誌』の執筆に際し、フルトルフ＝エッケハルトと並んで『事績』を直接用いた形跡が認められる。彼がいずれの写本を用いたのかは長らく不明であったが、一九〇九年にロンドンで競売に付された、一三世紀後半に作成された未知の写本（C2稿）がそれであることが判明した。当代随一の書籍蒐集家としても知られたヨハネスが、シュポンハイム修道院長時代の一四九二年にケルンで交換によって入手した経緯は、最終頁のギリシア語の暗号を用いた書き込みの解読によって明らかにされている。

『事績』が活版印刷の技術を用いてバーゼルで刊行されたのは一五三二年、編者は、ハイデルベルク大学のルター派の神学教授マルティーン・フレヒト（一四九四―一五五六年）であった。

底本とされたエーベルバッハ修道院所蔵の最良の写本（B２稿）は、その後——恐らくは三十年戦争の惨禍によって——失われた。しかし、アウクスブルクの人文主義者コンラート・ポイティンガー（一四六五—一五四七年）が一五三〇年代後半に作成させた写本が、一九一〇年にミュンヘンで発見されている。

一九〇九年／一〇年の発見を承けて新たに編纂されたヒルシュの刊本（一九三五年）は、「モヌメンタ Monumenta Germaniae Historica」の校訂版としては、早くも第五版を数える。

# あとがき

本訳書は、平成二七―二九年度科学研究費補助金（基盤B）「中世ヨーロッパ世界における統治理念と社会制度の比較史的統合の研究」（研究代表、河原温教授、首都大学東京）の成果の一部である。第一巻については、二〇一五年度春学期に非常勤講師として勤務した一橋大学経済学部のゼミナール授業で、ドイツ語訳を講読する機会に恵まれた。参加した若い学生諸氏からは、学ぶことが本当に多々あった。また、出版に際しては、池上俊一教授（東京大学）の貴重なご助言を賜ることが出来た。記して感謝したい。知泉書館の小山光夫氏には、専門書の出版、そして人文科学全般を取り巻く昨今の厳しい状況にもかかわらず、刊行をお認めいただいたことに心から御礼申し上げる。

最後に、本訳書を、中世史料の世界へと導いて下さった二人の恩師、木村豊先生（北海道大学）と山田欣吾先生（一橋大学）に捧げたい。

二〇一六年一〇月

訳　者

〈系図１：カロリング家・ブルグント王家〉

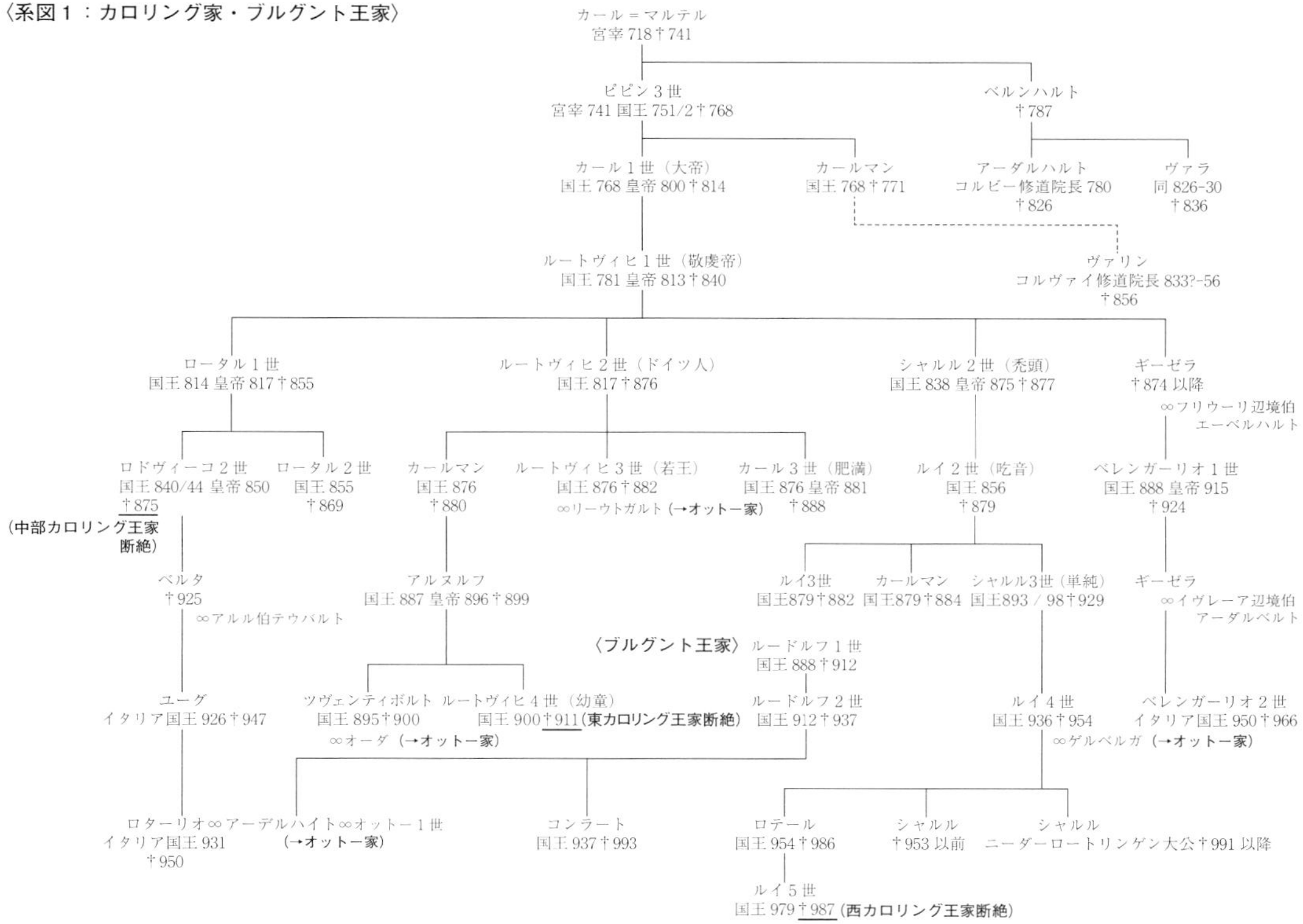

## 〈系図２：オットー家〉

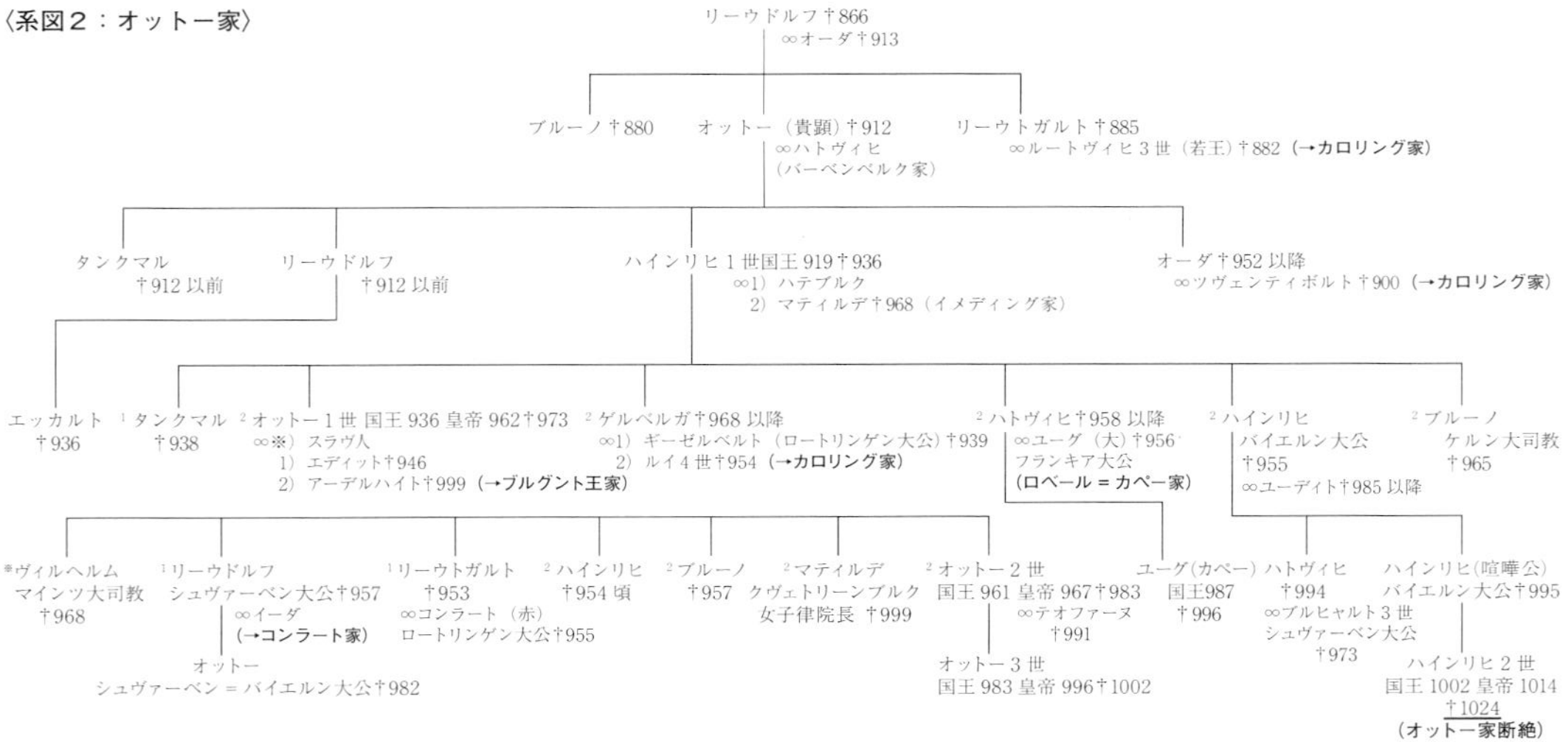

リーウドルフ†866
∞オーダ†913
ブルーノ†880
オットー（貴顕）†912
∞ハトヴィヒ
（バーベンベルク家）
リーウトガルト†885
∞ルートヴィヒ３世（若王）†882（→カロリング家）
タンクマル
†912以前
リーウドルフ
†912以前
ハインリヒ１世国王919†936
∞1）ハテブルク
2）マティルデ†968（イメディング家）
オーダ†952以降
∞ツヴェンティボルト†900（→カロリング家）
エッカルト
†936
1 タンクマル
†938
2 オットー１世 国王936 皇帝962†973
∞※）スラヴ人
1）エディット†946
2）アーデルハイト†999（→ブルグント王家）
2 ゲルベルガ†968以降
∞1）ギーゼルベルト（ロートリンゲン大公）†939
2）ルイ４世†954（→カロリング家）
2 ハトヴィヒ†958以降
∞ユーグ（大）†956
フランキア大公
（ロベール＝カペー家）
2 ハインリヒ
バイエルン大公
†955
∞ユーディト†985以降
2 ブルーノ
ケルン大司教
†965
※ヴィルヘルム
マインツ大司教
†968
1 リーウドルフ
シュヴァーベン大公†957
∞イーダ
（→コンラート家）
オットー
シュヴァーベン＝バイエルン大公†982
1 リーウトガルト
†953
∞コンラート（赤）
ロートリンゲン大公†955
2 ハインリヒ
†954頃
2 ブルーノ
†957
2 マティルデ
クヴェトリーンブルク
女子律院長 †999
2 オットー２世
国王961 皇帝967†983
∞テオファーヌ
†991
オットー３世
国王983 皇帝996†1002
ユーグ（カペー）
国王987
†996
ハトヴィヒ
†994
∞ブルヒャルト３世
シュヴァーベン大公
†973
ハインリヒ（喧嘩公）
バイエルン大公†995
ハインリヒ２世
国王1002 皇帝1014
†1024
（オットー家断絶）

### 〈系図３：コンラート家〉

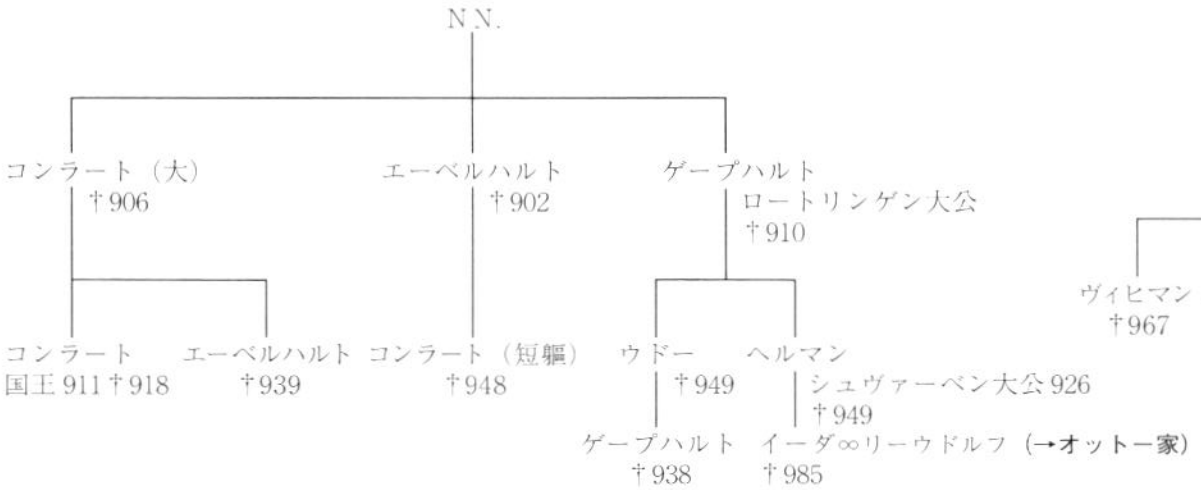


### 〈系図４：ビルング家〉

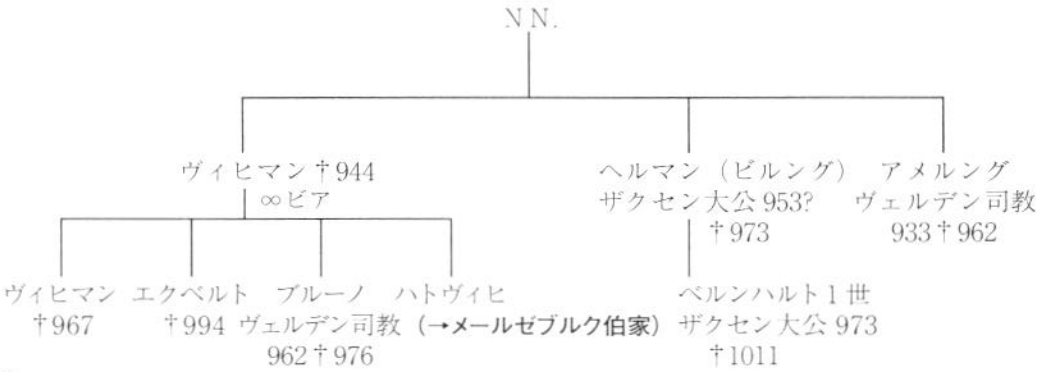


### 〈系図５：メールゼブルク伯家系図〉

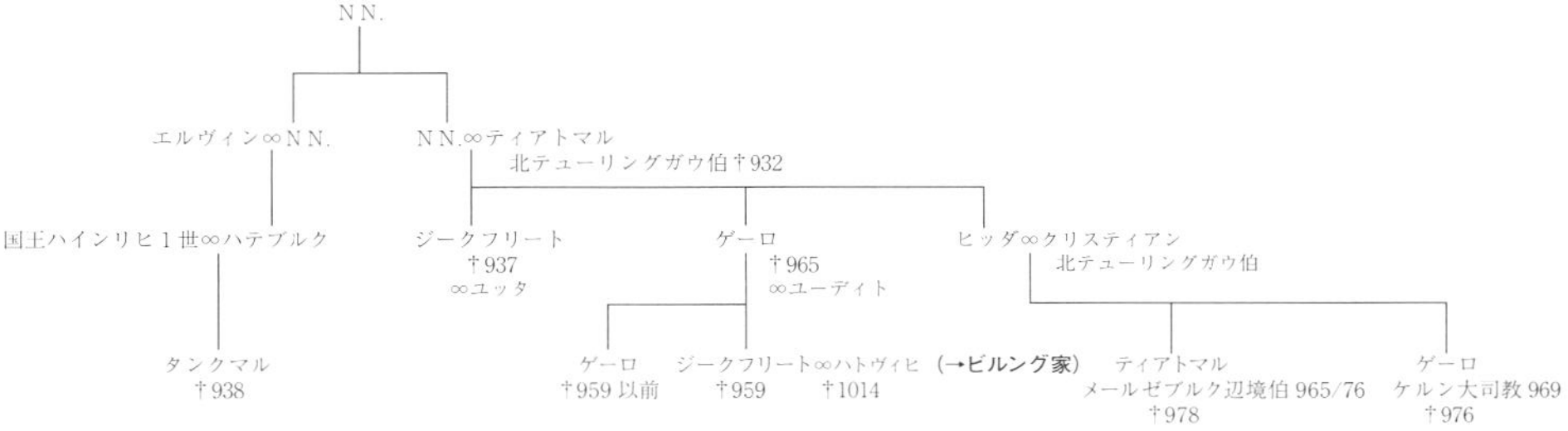

地図１　10世紀の大公領

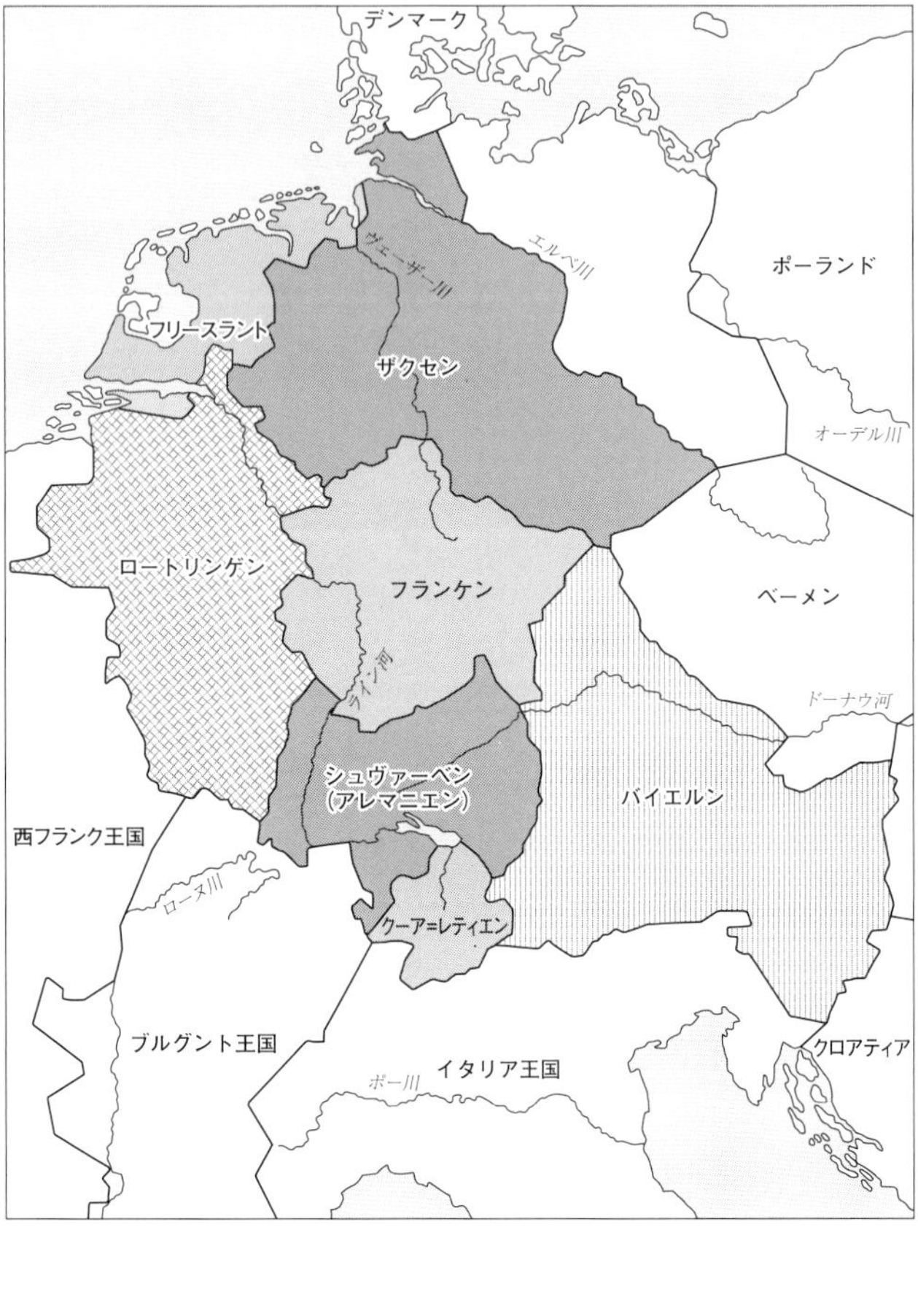

## 地図２　『ザクセン人の事績』に言及された主要な地名

地図３　エルベ・ザーレ川とオーデル川の間のスラヴ系諸民族

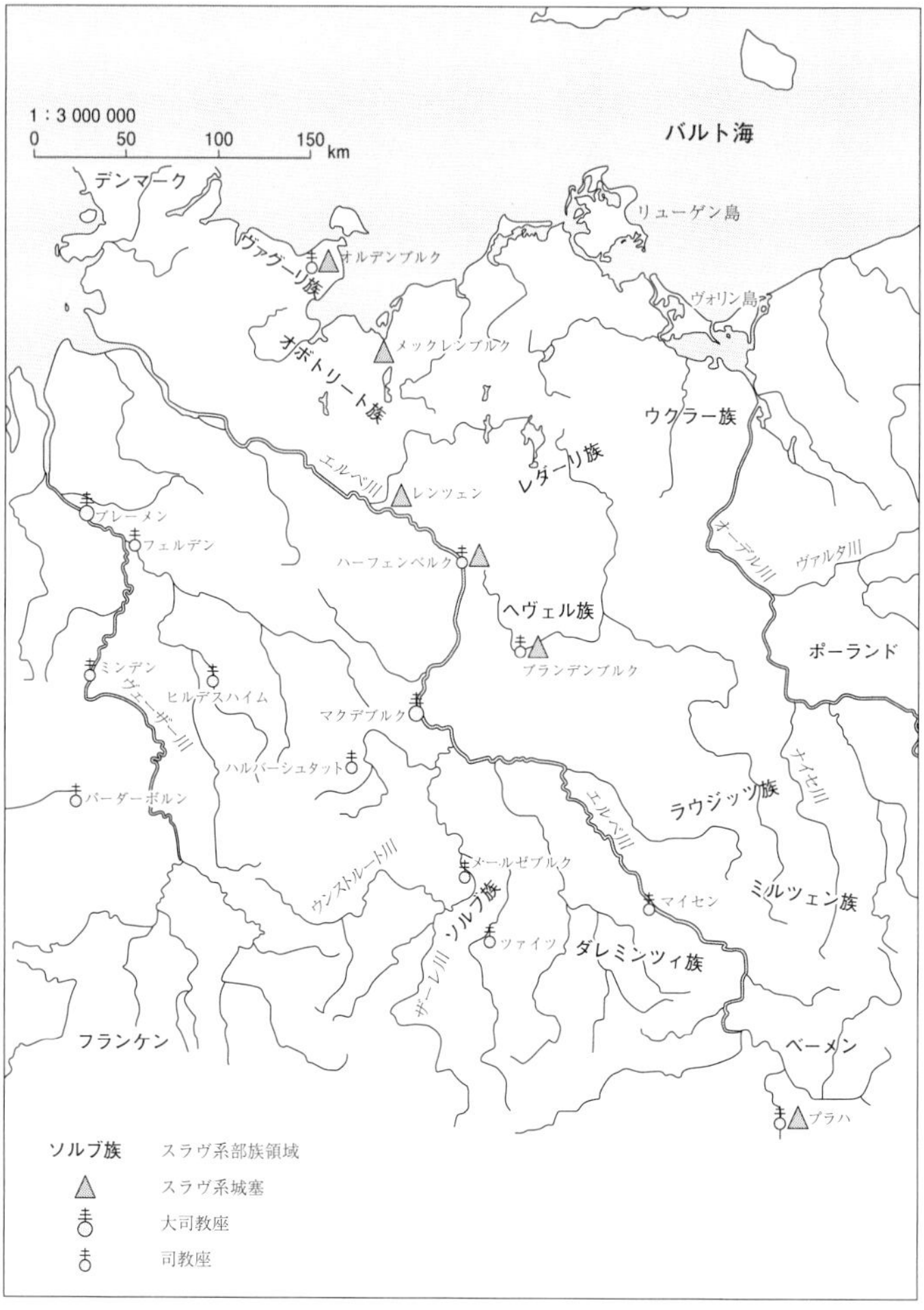

三佐川 亮宏（みさがわ・あきひろ）

1961年札幌市に生まれる。1991年北海道大学大学院文学研究科博士課程中途退学（1987-90年，DAAD奨学生としてボン大学に留学）。北海道大学文学部助手を経て，現在東海大学文学部教授。博士（文学）。

〔主要業績〕『ドイツ史の始まり―中世ローマ帝国とドイツ人のエトノス生成』創文社，2013年。『ドイツ―その起源と前史』創文社，2016年。森井裕一編『ドイツの歴史を知るための50章』明石書店，2016年（分担執筆）。『紀元千年の皇帝―オットー三世とその時代』刀水書房，2017年（近刊）。カール・ボーズル，平城照介・山田欣吾・三宅立監訳『ヨーロッパ社会の成立』東洋書林，2001年（共訳）。ハインツ・トーマス，三佐川亮宏・山田欣吾編訳『中世の「ドイツ」―カール大帝からルターまで』創文社，2005年。他

〔ザクセン人の事績〕 ISBN978-4-86285-256-4

2017年4月20日 第1刷印刷
2017年4月25日 第1刷発行

訳 者 三佐川 亮宏
発行者 小 山 光 夫
製 版 ジ ャ ッ ト

発行所 〒113-0033 東京都文京区本郷1-13-2
電話03(3814)6161 振替00120-6-117170
http://www.chisen.co.jp
株式会社 知泉書館

Printed in Japan 印刷・製本／藤原印刷

# 人　名　索　引

（注での人名への言及箇所には，頁にアステリスク（*）を付した。文中で名前が明記されていない人名については，括弧内に表記し，注頁にアステリスクを付した。）

## ア　　行


アイルベルト（939年歿）：ザクセン人の戦士　133
アギーナ：ザクセン人貴族　128–29, 131
アシーク（936年歿）：メールゼブルク伯家の貴族　108–09
アゼルスタン（894年頃-939年）：イングランド国王925年　88
アーダルベルト（906年歿）：バーベンベルク家の伯　52–54, 57*
アーダルベルト（932/36-72/75年）：ベレンガーリオの息子，イタリア国王950年　180
アーダルベルト（954年歿）：シュヴァーベンのマルヒタル伯　192
（アーデルハイト）（931年頃-99年）：イタリア国王ロターリオの王妃947年，オットー1世の王妃951年　155*, 176*, 178*, 180, 248
アーノルト：ロートリンゲンの伯　146–48
アマラベルガ（540年以降歿）：イルミンフリートの王妃510年頃　19–21, 28*, 34, 38*
（アルトー）（900年頃-961年）：ランス大司教931-40，46-61年　173*
アルバヌス：殉教者　230
アルヌルフ（850年頃-99年）：国王887年，皇帝896年　42, 48–49, 67, 68*
アルヌルフ（937年歿）：バイエルン大公922年？　60, 62*, 64, 107, 116, 154, 156, 191, 207*
アルヌルフ（954年歿）：大公アルヌルフの息子　116*, 191, 192*, 205–06
アレクサンダー大王（前356-323年）：マケドニア国王　8
アンスフリート：ロートリンゲンの伯　146–48
イーダ（985年歿）：シュヴァーベン大公リーウドルフの妻947年

175
イボー：ザクセンの伯　221
イリング：イルミンフリートの家来　21, 29–30, 36–38
イルミンフリート（533 年頃歿）：テューリンゲン国王　19–24, 29–30, 34, 36–37
インノケンティウス 1 世（417 年歿）：ローマ教皇 402 年　42
インノケンティウス：殉教者　115
インメート：王妃マティルデの叔父　72
インメート（953 年歿）：ザクセン人貴族　196
インモー：ロートリンゲンの伯　139–40, 145–48
（ヴァーツラフ）（929/35 年？歿）：ベーメン大公 921 年　82*–83*, 108*
ヴァリン（856 年歿）：コルヴァイ修道院長 833 年？　171
ヴァルトリヒ：ティアドリヒの家来　23
ウァレリアヌス：属州リュキアの総督　76
ヴィクフリート（953 年歿）：ケルン大司教 924 年　104–05, 190*
ヴィドー：テューリンゲン人貴族，ハインリヒ 1 世の義兄弟　91
ヴィドゥキント（8 世紀後半）：ザクセンの〝大公〟　72
ヴィドゥキント：王妃マティルデの叔父　72
ヴィドゥキント（973 年以降歿）：コルヴァイ修道士，『ザクセン人の事績』の著者　5
ウィートゥス：殉教者，コルヴァイ修道院の守護聖人　5, 75–79, 171, 234
ヴィヒマン（944 年歿）：ヘルマン・ビルングの兄　111, 120, 220
ヴィヒマン（〝若〟）（967 年歿）：ヴィヒマンの息子　189*, 193–94, 197, 220–24, 229, 232–33, 237, 239–47
（ヴィッラ）：イタリア国王ユーグの姪，ベレンガーリオの王妃 931 年頃　236*
ヴィルヘルム（929/30-68 年）：マインツ大司教 954 年　208*, 231*, 252–53, 255*, 256
ヴィルヘルム（963 年歿）：南テューリンゲンの伯　185
ウェスパシアヌス（79 年歿）：ローマ皇帝 69 年　15
ウドー（949 年歿）：シュヴァーベン大公ヘルマンの兄　120, 144*, 151

ウード（860年頃-98年）：西フランク国王888年　67–69
エクベルト（994年歿）：ヴィヒマンの息子　188, 189*, 190, 194, 197, 221, 224, 229, 232, 237
エッカルト（936年歿）：ハインリヒ1世の甥？　112
エディット（910/12年頃-46年）：オットー1世の最初の王妃929年　88, 157, 165, 170, 255*
エドマンド1世（946年歿）：イングランド国王939年　88
エーベルハルト（939年歿）：コンラート1世の弟，フランケンの〝大公〟　58-59, 61, 63, 107, 114-15, 118, 120, 123-25, 129, 141-44
エーベルハルト：コンラート（〝赤〟）の友人コンラートの父　186
（エーベルハルト）（938年以降歿）：大公アルヌルフの長男　116*, 119*
エーリヒ（941年歿）：ザクセン人貴族　151
エリベール2世（943年歿）：フェルマンドワ伯　70*, 94, 173*
エルヌスト：ズァラフェルト伯？　198
オットー1世（大帝）（912-73年）：国王936年，皇帝962年　5, 49, 71, 78–79, 88, 97, 101–07, 110–65, 170–213, 215–21, 224–37, 239, 244–53, 256–60
オットー2世（955-83年）：国王961年，皇帝967年　79, 105*, 181, 235, 248, 250, 252, 257, 259–60
オットー（〝貴顕〟）（912年歿）：ザクセンの〝大公〟　42–43, 45, 51
オットー（944年歿）：ロートリンゲン大公940/42年　144, 153
オットー（954-82年）：シュヴァーベン大公973年，バイエルン大公976年　231*

## カ 行

カエサル（前102年?-前44年）：共和政末期ローマの政治家・将軍　102
カール1世（大帝）（748-814年）：国王768，皇帝800　40–41, 48, 65, 72, 102, 124*
カール3世（839-88年）：アレマニエン分国王876年，皇帝881年，西フランク国王885年，廃位887年　42, 43*, 66–67, 68*
カールマン：ルイ4世の息子？　162

ギーゼルベルト（939 年歿）：ロートリンゲン大公 928/29 年　70, 107, 129–30, 134, 138–41, 143–44, 146
クヌーバ：デーン人の小王　96
クリスティアン：ロートリンゲンの伯　69
グレゴリウス 1 世（〝大教皇〟）（604 年歿）：ローマ教皇 590 年　18
クレスケンティア：ウィートゥスの乳母　77
グンター（982 年歿）：メールゼブルク辺境伯 965-76, 79-82 年　251
ゲープハルト（938 年歿）：ウドーの息子　120
ゲルベルガ（913/17-68 年以降）：大公ギーゼルベルトの妻 928/29 年頃，ルイ 4 世の王妃 939 年　70, 144, 149*, 163*
ゲーロ（965 年歿）：ザクセン辺境地方の軍団長 937 年　117, 136, 149, 206, 209, 225–28, 232, 239–41, 256
ゴータ：ゴート人の大公　46
ゴットフリート：ユーリヒガウの伯？　133
コンラート 1 世（880/85 年頃 -918 年）：東フランク国王 911 年　42–43, 51–52, 54, 56, 57*, 58–61, 171
（コンラート 1 世）（926/27 年頃 -93 年）：ブルグント国王 937 年　155*
コンラート（〝大〟）（855 年頃 -906 年）：コンラート 1 世の父　52, 62*
コンラート（〝赤〟）（955 年歿）：ロートリンゲン大公 944-53 年　88, 151, 154, 165, 179, 182, 184, 186–88, 193, 200, 202, 208–09, 211–13, 218
コンラート（953 年歿）：コンラート（〝赤〟）の友人　186

## サ～ナ　行

ジークフリート（937 年歿）：ザクセン辺境地方の軍団長　107, 110*, 116–17
ジークフリート：シュターデ伯　222–23
ジークフリート：ハッセガウ伯？961-80 年　251
（ジークフリート）（959 年歿）：ゲーロの息子　233*
シャルル 2 世（〝禿頭〟）（823-77 年）：西フランク国王 840 年，皇帝 875 年　43*, 65, 66*, 68*, 144, 170

シャルル3世（〝単純〟）（879-929年）：西フランク国王893/98年-923年　67, 68*, 69, 74–76, 78
シャルル（945-53年以前）：ルイ4世の次男　162–63
スヴァトプルク（894年歿）：モラヴィアの君主870年　49
ステファヌス：殉教者，コルヴァイ修道院の守護聖人　5, 155
ストイネフ（955年歿）：オボトリート族の君公　221, 225–29
セリブール：ヴァグーリ族の君公　241–43

ダーディ／ダダン（957年歿）：ハッセガウ伯　134, 185
タンクマル（912年以前歿）：オットー（〝貴顕〟）の息子　51
タンクマル（938年歿）：ハインリヒ1世の息子　111, 116–17, 120–23, 128
タンマ：オットー1世の献酌役　123
ティアトボルト（938年歿）：ザクセン人の戦士　122
ティアトマル（932年歿）：北テューリングガウ伯　59–60, 83–85, 117*
ティアドリヒ（＝テウデリヒ1世）（484年以前-533年）：メロヴィング朝フランク国王511年　19–26, 29–30, 36–38
ティアドリヒ（929年以降歿）：王妃マティルデの父　72
ティアドリヒ（938年歿）：フランク人貴族　122
ティアドリヒ（985年歿）：総督，ノルトマルク辺境伯965年　193, 214, 247
ディオクレティアヌス（245年頃-313年頃）：ローマ皇帝284-305年　77
ディオニュシウス：殉教者，サン＝ドニ修道院の守護聖人　74–75, 172
（テオファーヌ）（941年頃-76年）：ビザンツ皇帝ロマノス2世（959-63年），ニケフォロス2世・フォーカスの皇后957/63年　252*
（テオファーヌ）（960年頃-91年）：オットー2世の皇后972年　253*
デーディ（938年歿）：ザクセン人貴族　120
トゥグミール：ヘヴェル族の君公940年　137, 255*

ナーコン（966年頃歿）：オボトリート族の君公　221, 243*

(ニケフォロス2世・フォーカス)(912-69年):ビザンツ皇帝963年　252*

## ハ　行

ハイカ(939年歿):ザクセン人貴族　136
ハインリヒ1世(876年頃-936年):国王919年　5, 45, 49, 51–56, 58–65, 69–71, 73–75, 80–83, 86, 88–97, 102–103, 108, 111, 112*, 113*, 116, 117*, 121, 124*, 137, 152, 254
ハインリヒ(919/22年-55年):バイエルン大公948年　71, 107, 120–25, 127–35, 138, 144, 148, 149*, 150–51, 156, 158, 175*, 180, 185, 187–91, 200, 205, 207, 209, 212, 213*, 219
ハインリヒ(944年以前歿):大公ギーゼルベルトの息子　144, 153
ハインリヒ(952年末/53年初-54年頃?):オットー1世の息子　181, 202*
ハインリヒ(976年頃歿):シュターデ伯，総督　222
バーヴォ1世(890年歿):コルヴァイ修道長879年　171
バーヴォ2世(916年歿):同900年　171
バーヴォ3世(948年歿):同942年　171
ハタガート:ザクセン人の古参戦士　32–33, 35
ハダマール(956年歿):フルダ修道院長927年　161–62
ハダルト:オットー1世の納戸役　129–30
ハットー(850年頃-913年):マインツ大司教891年　52–56
(ハテブルク):ハインリヒ1世の最初の妻906/8年頃　117*, 124*
(ハトヴィヒ)(958年以降歿):ユーグ(〝大〟)の妻935/37年頃　72*
(ハトヴィヒ)(938/40年頃-94年):アレマニエン大公ブルヒャルト2世の妻954年頃　213*
ハーラル1世(〝青歯〟)(985年?歿):デンマーク国王958年?　237–39
バルドー:テューリンゲンの伯　54, 56
(ビア)(936年以前歿):王妃マティルデの姉妹，ヴィヒマンの妻　189*, 221*
ヒラス:ウィートゥスの父　76

ヒルデベルト（937 年歿）：マインツ大司教 927 年　102–05, 125
フーガ（＝クローヴィス）（466-511 年）：メロヴィング朝国王 481/82 年　19–20
フリードリヒ（954 年歿）：マインツ大司教 937 年　125, 142–43, 161–62, 175*, 178*, 182, 184–85, 195, 201–02, 208
ブルーニング：ザクセン人貴族　114, 118
ブルーノ（880 年歿）：ザクセンの〝大公〟　42–43,
ブルーノ（925-65 年）：ケルン大司教，ロートリンゲン大公 953 年　71, 159, 190*, 232
ブルーノ（953 年末 /54 年初 -57 年）：オットー 1 世の息子　181, 202*
ブルヒャルト 2 世（926 年歿）：アレマニエン（シュヴァーベン）大公 919 年？　64, 213*
ブルヒャルト 3 世（973 年歿）：シュヴァーベン大公 954 年　212, 231*
ブルヒャルト：テューリンゲンの伯　54, 56
（ブルヒャルト）：伯，ユーディトの妹の夫　160*
フルラードゥス（784 年歿）：サン＝ドニ修道院長 750 年　78
フロレンティア：イタリアの貴族（サレルノの君公の妃）77
ペテロ（64 年？歿）：十二使徒　104, 106*, 121
ヘリガー（927 年歿）：マインツ大司教 913 年　63
ベルトルト（947 年歿）：バイエルン大公 938 年　119*, 154, 156
ヘルマン 1 世（949 年歿）：シュヴァーベン大公 926 年　107, 120, 143, 151, 175
ヘルマン（ビルング）（973 年歿）：エルベ川下流域の軍事長官，ザクセン大公 953 年？　111–12, 192–94, 197, 220–23, 237, 241–43, 247–48, 257
ベルンハルト（935 年？歿）：エルベ川下流域の軍団長　83–86, 112*
ベルンハルト（968 年歿）：ハルバーシュタット司教 924 年　130, 253, 255
ベレンガーリオ 2 世（900 年頃 -66 年）：イタリア国王 950-61 年　176, 179–81, 231*, 235
ホセド：ザクセン人の戦士　229
ポッポー：伝道者，アールフス／シュレスヴィヒ司教？　238–39

ホメロス（生歿年不詳）：古代ギリシアの詩人　255
ボレスラフ1世（967/73年？歿）：ベーメン大公929/35年？　82, 108–110, 164, 176–77, 244
ボレスラフ2世（999年）：ベーメン大公967/73年？　177

## マ・ヤ　行

マインヴェルク（953年歿）：ザクセン人貴族　196
マインキア（939年歿）：ザクセン人の戦士　122, 133
マティルデ（896年頃-968年）：ハインリヒ1世の王妃909年　71–72, 98*, 106*, 117*, 156, 181, 183, 189*, 196*, 219, 253–56
マティルデ（955-99年）：クヴェトリーンブルク女子律院長966年　5–6, 49, 78–79, 101, 169, 181, 235, 239, 246
マルティアルス：東ローマ皇帝マルキアヌス（450-57年）？　16
マロ（＝ウェルギリウス）（前70年-前19年）：古代ローマの詩人　255
ミェシコ1世（992年歿）：ポーランド大公　240, 241*, 244–45
（ミカエル）：大天使　93*, 213*
ミスティヴォイ（990/95年？歿）：オボトリート族の君公　241
モデストゥス：ウィートゥスの教師　76–77

ユーグ（880年頃-947年）：イタリア国王926年　176*, 180
ユーグ（〝大〟）（893年頃-956年）：フランキア大公922/23年　69, 70*, 72, 94, 145*, 155*, 163, 170–74, 229
ユーグ（〝黒〟）（952年歿）ブルゴーニュ大公923年　155, 234*
（ユーグ）（962年歿）：ランス大司教925-31, 40-46年　173*
（ユーディト）（985年以降歿）：バイエルン大公ハインリヒの妻936/40年頃　159*, 160*, 191*
ヨセフス（37-100年頃）：古代ローマ帝政期の政治家・歴史家　8
（ヨハネス13世）（972年歿）：ローマ教皇965年　249*, 253*, 260*
（ヨハネス1世・ツミスケス）（924-76年）：ビザンツ皇帝969年　252*, 253*
ヨルダーネス（552年歿）：『ゴート人の歴史』の著者　28*, 46, 48*

## ラ　行

ラウル（890年以前-936年）：西フランク国王923年　94, 145*, 155*
リウタール（929年歿）：ヴァルベック伯　86
リウタール（929年歿）：シュターデ伯　86, 222*
リーウトガルト（885年歿）：ルートヴィヒ3世（〝若王〟，876-82年）の王妃869年？　42,
リーウトガルト（931年頃-53年）：コンラート（〝赤〟）の妻947年　88, 154, 165
リーウドルフ（866年歿）：伯，オットー家の始祖　42
リーウドルフ（912年以前歿）：オットー（〝貴顕〟）の息子　51, 112
リーウドルフ（930年頃-57年）：シュヴァーベン大公950-54年　88, 165, 170, 175, 178–79, 182, 184, 187–91, 193, 198–208, 210*, 230–31
リヒヴィン（923年歿）：ヴェルダン伯，ロートリンゲン大公オットーの父　144
ルイ4世（〝渡海〟）（921年頃-54年）：西フランク国王936年　144, 162–63, 170–72, 174
（ルオトベルト）（956年歿）：トリーア大司教931年　106*, 148*
ルーカーヌス（39-65年）：古代ローマ帝政期の詩人　8
ルートヴィヒ1世（〝敬虔〟）（778-840年）：皇帝813年　65, 66*, 78
ルートヴィヒ2世（〝ドイツ人〟）（806年頃-76年）：国王817年　65, 66*
ルートヴィヒ4世（〝幼童〟）（893-911年）：東フランク国王900年　42–43, 53, 56
〝ルートヴィヒ〟　176　→（ロターリオ）
レオ3世（816年歿）：ローマ教皇795年　121
（レギナール1世）（915年歿）：ロートリンゲンの伯，大公ギーゼルベルトの父　71*
レギンベルン：王妃マティルデの叔父　72
（ロターリオ）（926/28-50年）：イタリア国王931年　176*
ロータル1世（795-855年）：国王814年，皇帝817年　65, 66*
ロータルト（950年歿）：シュトラースブルク司教933年　142–43

ロテール（941-86年）：西フランク国王954年　42, 43*, 66, 162, 163*
ロベール1世（866年以前-923年）：西フランク国王922年　68*, 69, 70*, 95*, 170–71

# 地名・民族名索引

（頻出する「ザクセン（人）」は除外した）

## ア　行



## カ　行

## サ～ナ　行



## ハ　行

## マ・ヤ　行



## ラ　行

# 参考文献


校訂本

Widukind von Korvei, *Res gestarum Saxonicarum*, hg. v. Paul Hirsch - Hans-Eberhard Lohmann, (Monumenta Germaniae Historica, Scriptores rerum Germanicarum, [60]), Hannover 1935, ND. 1989.

翻訳書

Schottin, Reinhold, *Widukinds Sächsische Geschichten*, (Geschichtschreiber der deutschen Vorzeit, zweite Gesamtausgabe, 33), 5.Aufl., neuübertragen und bearbeitet v. Paul Hirsch, Leipzig 1931.

Bauer, Albert - Rau, Reinhold (Hg.), *Quellen zur Geschichte der sächsischen Kaiserzeit*, (Ausgewählte Quellen zur deutschen Geschichte des Mittelalters, 8), Darmstadt 1971, S.16-183.

Rotter, Ekkehart - Schneidmüller, Bernd, *Widukind von Corvey. Res gestae Saxoniae - Die Sachsengeschichte*, (Reclams Universalbibliothek, 7699), Stuttgart 1981, 2.Aufl., 1992.

Giraud, Cédric - Tock, Benoît-Michel, *Rois, reines et évêques. L'Allemagne aux Xe et XIe siècles*, Turnhout 2009, pp.25-81 ( 第 2・3 巻のみ ).

Bachrach, Bernard S. - Bachrach, David S., *Widukind of Corvey. Deeds of the Saxons*, (Medieval Texts in Translation), Washington, D.C. 2014.

主要関連史料

（MGH = Monumenta Germaniae Historica）

Adalbert von Weißenburg, *Continuatio Reginonis*, in: *Reginonis abbatis Prumiensis Chronicon cum continuatione Treverensi*, hg. v. Friedrich Kurze, (MGH Scriptores rerum Germanicarum, [50]), Hannover 1890, S.154-179.

*Die Corveyer Annalen*, Textbearbeitung und Kommentar v. Joseph Prinz, (Veröff. d. Hist. Komm. Westfalens, X : Abhh. zur Corveyer Geschichtsschreibung, 7), Münster 1982.

*Die Annales Quedlinburgenses*, hg. v. Martina Giese, (MGH Scriptores rerum Germanicarum, 77), Hannover 2004.

Jordanes, *Getica*, hg. v. Theodor Mommsen, in: MGH Auctores Antiquissimi V-1, Hannover 1882, S.53-138.

Juvencus: *C. Vettii Aquilini Iuvenci Libri Evangeliorum IIII*, recognovit Carolus Marold, (Bibliotheca scriptorum Graecorum et Romanorum Teubneriana), Leipzig 1886.

*Lex Saxonum*, in: *Leges Saxonum und Lex Thuringorum*, hg. v. Claudius v. Schwerin, (MGH Fontes iuris Germanici antiqui, 4), Hannover 1918, S.9-34.

Liudprand von Cremona, *Antapodosis*, in: *Die Werke Liudprands von Cremona*, hg. v. Josef Becker, (MGH Scriptores rerum Germanicarum, [41]), Hannover-Leipzig 1915, S.1-158.

*Passio sancti Viti*, hg. v. Heinrich Königs, in: ders., *Der heilige Vitus und seine Verehrung*, (Münstersche Beiträge zur Geschichtsforschung, 3.Folge, Heft 28/29), Münster 1939, S.561-567.

Paulus Diaconus, *Historia Romana*, hg. v. Hans Droysen, in: MGH Auctores Antiquissimi, II, Berlin 1879, S.183-224.

Poeta Saxo, *Annales de gestis Caroli magni imperatoris*, hg. v. Paul v. Winterfeld, in: MGH Poeta Latini IV-1, Berlin 1899, S.1-71.

Rudolf von Fulda, *Translatio s. Alexandri*, in: Bruno Krusch, *Die Übertragung des H. Alexander von Rom nach Wildeshausen durch den Enkel Widukinds 851. Das älteste niedersächsische Geschichtsdenkmal*, (Nachrichten d. Akad. d. Wiss. zu Göttingen, philol.-hist. Kl., 1933-4), Berlin 1933, S.423-436.

Sallustus: Salluste, *Catilina, Jugurtha. Fragments des Histoires*, texte établi et traduit par Alfred Ernout, (Collection des universités de France), Paris 1941, 12e tirage, 1980.

Thietmar von Merseburg: *Die Chronik des Bischofs Thietmar von Merseburg und ihre Korveyer Überarbeitung*, hg. v. Robert Holtzmann, (MGH Scriptores rerum Germanicarum, NS. 9), Berlin 1935.

*Translatio Sancti Viti martyris*, bearbeitet und übersetzt v. Irene Schmale-Ott, (Veröffentlichungen der Historischen Kommission Westfalens, 41 = Fontes minores, 1), Münster 1979.

*Vita Mathildis reginae antiquior*, in: *Die Lebensbeschreibungen der Königin Mathilde*, hg. v. Bernd Schütte, (MGH Scriptores rerum Germanicarum, 66), Hannover 1994, S.107-142.

旧約聖書翻訳委員会訳『旧約聖書』（全 15 冊），新約聖書翻訳委員会訳『新約聖書』（全 5 冊），岩波書店，1995-2004 年。

日本聖書学研究所編『聖書外典偽典』第 1・2 巻「旧約外典 I・II」，教文館 1975-77 年（『第一／第二マカベア記』，『エステル記への付加（D）』）。

アインハルト『カール大帝伝』，エインハルドゥス／ノトケルス，国原吉之助訳『カロルス大帝伝』筑摩書房，1988 年所収。

ウェルギリウス，岡道男・高橋宏幸訳『アエネーイス』（西洋古典叢書），京都大学学術出版会，2001 年。

――――，小川正広訳『牧歌／農耕詩』（西洋古典叢書），京都大学学術出版会，2004 年。

オウィディウス，中村善也訳『変身物語』上下，岩波文庫，1981-84 年。

カエサル，高橋宏幸訳『ガリア戦記』（カエサル戦記集）岩波書店，2015 年。

――――，國原吉之助訳『内乱記』講談社学術文庫，1996 年。

トゥールのグレゴリウス，兼岩正夫・臺幸夫訳『歴史十巻（フランク史）』2 巻，東海大学出版会，1975-77 年。

サッルスティウス，合阪學・鷲田睦朗訳『カティリーナの陰謀』大阪大学出版会，2008 年。

スエトニウス，国原吉之助訳『ローマ皇帝伝』上下，岩波文庫，1986 年。

スルピキウス・セウェルス，橋本龍幸訳『聖マルティヌス伝』，上智大学中世思想研究所編訳・監修『中世思想原典集成』第 4 巻「初期ラテン教父」平凡社，1999 年所収。

パウルス・ディアコヌス，日向太郎訳『ランゴバルドの歴史』知泉書館，2016 年。

ベーダ，長友栄三郎訳『イギリス教会史』創文社，1965 年。

ホラティウス『歌集』，鈴木一郎訳『ホラティウス全集』玉川大学出版部，2001 年所収。

ユウェナーリス『諷刺詩』，ペルシウス／ユウェナーリス，国原吉之助

訳『ローマ諷刺詩集』岩波文庫，2012 年所収。

フラウィウス・ヨセフス，土岐健治訳『ユダヤ戦記』第 2・3 巻，日本基督教団出版局，1985 年。

リウィウス，岩谷智・毛利晶訳『ローマ建国以来の歴史』第 1 巻，4 巻，（西洋古典叢書），京都大学学術出版会，2008 ／ 14 年。

ルーカーヌス，大西英文訳『パルサリア（内乱）』上下，岩波文庫，2012 年。

主要参考文献

Althoff, Gerd, *Adels- und Königsfamilien im Spiegel ihrer Memorialüberlieferung. Studien zum Totengedenken der Billunger und Ottonen*, (Münstersche Mittelalter-Schriften, 47), München 1984.
——— Widukind von Corvey. Kronzeuge und Herausforderung (1993), in: ders., *Inszenierte Herrschaft. Geschichtsschreibung und politisches Handeln im Mittelalter*, Darmstadt 2003, S.78-104.
Beumann, Helmut, *Widukind von Korvei. Untersuchungen zur Geschichtsschreibung und Ideengeschichte des 10. Jahrhunderts*, (Veröff. d. Hist. Komm. d. Provinzialinst. f. westfäl. Landes- u. Volkskunde, X : Abhh. über Corveyer Geschichtsschreibung, 3), Weimar 1950.
Böhmer, *Regesta Imperii*. II: Sächsisches Haus, Abt.1: Die Regesten des Kaiserreichs unter den Heinrich I. und Otto I. 919-973, neubearb. v. Emil v. Ottenthal, Innsbruck 1893, ND. Hildesheim 1967.
Brakhman, Anastasia , *Außenseiter und „Insider“. Kommunikation und Historiographie im Umfeld des ottonischen Herrscherhofes*, (Historische Studien, 509), Husum 2016.
Erdmann, Carl, *Ottonische Studien*, hg. v. Helmut Beumann, Darmstadt 1968.
Fried, Johannes, Die Königserhebung Heinrichs I.,Erinnerung, Mündlichkeit und Traditionsbildung im 10. Jahrhundert, in: *Mittelalterforschung nach der Wende 1989*, hg. v. Michael Borgolte, (Historische Zeitschrift, Beiheft 20), München 1995, S.267-318.
Glocker, Winfrid, *Die Verwandten der Ottonen und ihre Bedeutung in der Politik. Studien zur Familienpolitik und zur Genealogie des sächsischen Kaiserhauses*, (Dissertationen zur mittelalterlichen Geschichte, 5),

Köln-Wien 1989.

Hauck, Karl, *Goldbrakteaten aus Sievern. Spätantike Amulett-Bilder der 'Dania Saxonica' und die Sachsen- 'Origo' bei Widukind von Corvey*, (Münstersche Mittelalter-Schriften, 1), München 1970.

Hlawitschka, Eduard, *Die Ahnen der hochmittelalterlichen deutschen Könige, Kaiser und Ihrer Gemahlinnen. Ein kommentiertes Tafelwerk*, Bd.1: 911-1137, 2 Teile, (MGH Hilfsmittel, 25), Hannover 2006.

Karpf, Ernst, *Herrscherlegitimation und Reichsbegriff in der ottonischen Geschichtsschreibung des 10. Jahrhunderts*, (Historische Forschungen, 19), Stuttgart 1985.

Keller, Hagen, *Machabaeorum pugnae*. Zum Stellenwert eines biblischen Vorbilds in Widukinds Deutung der ottonischen Königsherrschaft, in: *Iconologia sacra. Mythos, Bildkunst und Dichtung in der Religions- und Sozialgeschichte Alteuropas. Festschrift für Karl Hauck zum 75. Geburtstag*, hg. v. Hagen Keller – Nikolaus Staubach, (Arbeiten zur Frühmittelalterforschung, 23), Berlin-New York 1994, S.417-437.

——— *Ottonische Königsherrschaft. Organisation und Legitimation königlicher Macht*, Darmstadt 2002.

Köpke, Rudolf - Dümmler, Ernst, *Kaiser Otto der Grosse*, (Jahrbücher der deutschen Geschichte), Leipzig 1876.

Krüger, Karl Heinrich, Studien zur Corveyer Gründungsüberlieferung, (Veröff. d. Hist. Komm. Westfalens, X: Abhh. zur Corveyer Geschichtsschreibung, 9), Münster 2001.

Lammers, Walther (Hg.), *Entstehung und Verfassung des Sachsenstammes*, (Wege der Forschung, 50), Darmstadt 1967.

——— (Hg.), *Die Eingliederung der Sachsen in das Frankenreich*, (Wege der Forschung, 185), Darmstadt 1970.

Laudage, Johannes, Widukind von Corvey und die deutsche Geschichtswissenschaft, in: *Von Fakten und Fiktionen. Mittelalterliche Geschichtsdarstellungen und ihre kritische Aufarbeitung*, hg. v. dems., (Europäische Geschichtsdarstellungen, 1), Köln-Weimar-Wien 2003, S.193-224.

Lübke, Christian, *Regesten zur Geschichte der Slaven an Elbe und Oder (vom Jahr 900 an)*, Teil 2, (Giessener Abhandlungen zur Agrar- und

Wirtschaftsforschung des europäischen Ostens, 133), Berlin 1985.
Nass, Klaus, Artikel Widukind von Korvey, in: *Die deutsche Literatur des Mittelalters. Verfasserlexikon*, 2.Aufl., Bd.10, Berlin-New York 1999, Sp.1000-1006.
Springer, Matthias, *Die Sachsen*, (Urban Taschenbücher, 598), Stuttgart 2004.
——— Artikel Widukind von Corvey, in: *Reallexikon der Germanischen Altertumskunde*, 2.Aufl., Bd.33, Berlin-New York 2006, S.586-592.
Waitz, Georg, *Jahrbücher des Deutschen Reichs unter Heinrich I.*, (Jahrbücher der deutschen Geschichte), 3.Aufl., Leipzig 1885.
Weddige, Hilkert, *Heldensage und Stammessage. Iring und der Untergang des Thüringerreiches in Historiographie und heroischer Dichtung*, (Hermaea, NF.61), Tübingen 1989.
三佐川亮宏『ドイツ史の始まり——中世ローマ帝国とドイツ人のエトノス生成』創文社，2013 年。